Ulf Stark
Wir Eisbären

Der Autor:

Ulf Stark wurde 1944 in Stockholm geboren. Er schreibt Kinder- und Jugendbücher, aber auch Erzählungen und Gedichte für Erwachsene. Ulf Stark gehört heute zu den erfolgreichsten schwedischen Kinder- und Jugendbuchautoren; einige seiner Bücher wurden mit großem Erfolg für das Fernsehen verfilmt.
1988 erhielt er die Nils-Holgersson-Plakette, die höchste schwedische Kinderbuchauszeichnung.

Ulf Stark

Wir Eisbären

Deutscher
Taschenbuch
Verlag

Aus dem Schwedischen von Birgitta Kicherer

Titel der Originalausgabe: ›Lat isbjörnarna dansa‹,
erschienen im Verlag Albert Bonniers, Stockholm

Von Ulf Stark ist außerdem bei dtv junior lieferbar:
Als Vaters Waschmaschine streikte, Band 70254

Ungekürzte Ausgabe
Dezember 1992
Deutscher Taschenbuch Verlag GmbH & Co. KG, München
© 1986 Ulf Stark
© der deutschsprachigen Ausgabe:
1989 Verlag Carl Ueberreuter, Wien
ISBN 3-8000-2308-3
Umschlaggestaltung: Celestino Piatti
Umschlagbild: Ulrike Baier
Gesetzt aus der Aldus 10/11·
Gesamtherstellung: Ebner Ulm
Printed in Germany · ISBN 3-423-70273-7

1

»Kannst du mir mit dieser verflixten Würgeschnur helfen?« Er war schon hochgradig erregt, nachdem er eine wahre Ewigkeit vor dem Spiegel im Flur verbracht und versucht hatte, einen Schlipsknoten zustande zu bringen. Der Schlips sollte die Tatsache verbergen, daß der oberste Hemdknopf sich nicht zuknöpfen ließ.

Jetzt stand er in der Türöffnung und hielt den dunkelblauen Schlips mit den weißen Sternen in der Hand. Nach den vergeblichen Bemühungen meines Vaters sah sein Schlips wie ein gefältetes Band aus.

Die Anzughose spannte um seine Schenkel, als er zu meiner Mutter hinüberging, die an der gelben Schlafzimmerkommode saß und ihr Gesicht auf Vordermann brachte.

»Warte«, sagte sie.

Aber er brauchte nicht lange zu warten. Schlipsknoten waren ihre Spezialität. Sie zog den Schlips so fest zu, daß mein Vater nach Luft schnappte. Kurz sah es aus, als würde er umkippen. Doch dann lockerte sie den Knoten ein wenig.

»So, mein Lieber«, sagte sie. »Bist du jetzt fertig?«

Ja, jetzt war er fertig. Er zog seine Anzugjacke zurecht und schielte auf seine frischgeputzten Schuhe hinunter, die im selben festlichen Glanz erstrahlten wie unser alter Citroën aus den vierziger Jahren. Er schien mit dem, was er sah, zufrieden zu sein.

»Na, wie seh ich aus?«

»Gut«, sagte meine Mutter und gab ihm mit ihren frischgestrichenen Lippen einen Kuß auf die Backe. Und dabei fand sie natürlich, daß er wie ein verkleidetes Walroß aussah in diesem Beerdigungsanzug, den er unbedingt anziehen wollte, um mich in die Schule zu begleiten. Er wolle einen guten Eindruck machen, sagte er. Das sei wichtiger, als man glaube, meinte er. Ich selbst bezweifelte, daß es irgendeinen Unterschied machen würde.

»Soll ich dich nicht doch zur Arbeit fahren?« fragte mein Vater.

Er liebte es, Leute irgendwohin zu fahren.

»Nein, ich bin noch nicht fertig«, sagte meine Mutter.

»Macht euch jetzt lieber auf die Socken, damit ihr nicht zu spät kommt.«

Sie nahm die Arbeit an ihrem Gesicht wieder in Angriff. Um meinen Vater zu beruhigen, feuerte sie ein Lächeln durch den Kommodenspiegel, bei dem ihr einer dunkler Vorderzahn sichtbar wurde. Abgesehen davon sah sie gar nicht so übel aus mit ihrem hennagefärbten Haar und diesem Lederrock, über den mein Vater sich ziemlich aufgeregt hatte, als sie letzte Woche damit nach Hause gekommen war. Er fand, er sähe billig aus, was aber nicht zutraf.

Meine Mutter konnte nicht mitkommen. Sie mußte arbeiten und würde erst morgen früh wieder heimkommen. Sie arbeitete als Engel im St.-Göran-Krankenhaus und hatte Nachtschicht. Mein Vater bezeichnete es als Engelsarbeit, in Wirklichkeit war sie Schwesternhelferin im Krankenhaus, und so hatten sie sich auch kennengelernt. Um eine Schnittwunde zu verbinden, die mein Vater sich geholt hatte, war sie in die Ambulanz gestürzt gekommen, und ihr Krankenhauskittel hatte wie Engelsflügel hinter ihr hergeflattert, und dann hatte sie dieses spezielle Lächeln mit ihrem schwarz gewordenen Zahn gelächelt, und am Tag darauf war mein Vater mit zwei Kilo Rinderfilet wieder bei ihr aufgekreuzt.

Doch das alles war schon tausend Jahre her.

Ich stand langsam vom Bett auf, wo ich gelegen und in einem alten »Superman« geblättert hatte. Mein Vater war schon draußen im Flur. Bevor ich verschwand, fing meine Mutter mich ein und drückte mich an sich. Sie roch so intensiv nach Parfüm, daß mir fast schwindelig wurde. War das etwa eine neue Art, Patienten zu betäuben?

»Laß dir's gutgehen«, sagte sie.

Wie konnte sie so was nur glauben? Wann war jemals ein Lehrergespräch etwas Gutes gewesen? Mein Magen fühlte sich an wie frisch ausgepumpt. Ich mußte noch schnell aufs Klo, bevor wir uns auf den Weg machten. Von dort hörte ich die Stimme meiner Mutter.

»Vergiß die Sache mit dem Kaugummi nicht!« rief sie. Ich betätigte die Klospülung, in der Hoffnung, daß das Geräusch ihre Stimme übertönen würde.

Wir nahmen das Auto, obwohl wir zu Fuß fast genauso schnell dagewesen wären. Auf dem Sportplatz waren die Scheinwerfer an. Ihre Lichterbesen fegten über den Abendhimmel und ließen den Schnee in dunklen nassen Flocken gegen die Windschutzscheibe treiben.

Mein Vater bog in die verkehrte Richtung ab.

Wir fuhren eine Extrarunde. Wahrscheinlich hatte er keine größere Lust als ich, in den Schulfluren auf und ab zu wandern und darauf zu warten, daß wir an die Reihe kamen. Ich lehnte mich zurück, rieb meinen Nacken am Autositz und sah die Adventsterne in den Fenstern der Miethäuser funkeln.

Warum hatte ich das mit dem Kaugummi nur gesagt?

Typisch ich! Das war passiert, nachdem ich Danne erlaubt hatte, mir die Haare zu schneiden. Er hatte die Haare ungefähr an den Haarwurzeln abgeschält. Hier und da standen noch vereinzelte Strähnen vom Kopf ab, so daß mein Schädel stark an eine verwachsene Stachelbeere erinnerte. Es sah ziemlich irre aus. Aber meiner Mutter gefiel es nicht besonders. Es hätte sie fast der Schlag getroffen, als sie mich erblickt hatte. Da war ich ihr mit der Tour gekommen, daß unser Klassenlehrer mir einen Kaugummi ins Haar geschmiert hätte, und daher hätte ich mir die Haare schneiden müssen, um das klebrige Zeug loszuwerden.

»Wie konnte er nur?« hatte meine Mutter geheult, die sehr an meinen Locken hing, worauf ich erklärt hatte, daß er Kaugummikauen während des Unterrichts haßte, und das sei der Grund gewesen.

Dazu habe er kein Recht, hatte meine Mutter gesagt. Sie war stinkwütend gewesen und hatte sofort anrufen wollen, aber von diesem Vorhaben hatte ich sie abbringen können. Und jetzt wollte sie also, daß mein Vater das Thema aufgriff.

Wahrscheinlich würde er das nicht tun. Er konnte Auseinandersetzungen nicht leiden. Ich musterte ihn im Rückspiegel. In einem Mundwinkel hatte er eine Zigarette baumeln, im Autoradio spielten irgendwelche Geigen, und mein Vater kniff gegen den Zigarettenrauch die Augen zusammen. Er erinnerte stark an einen französischen Schnüffler in irgend so einem französischen Film aus derselben Zeit wie unser französisches Auto. Seine Nase war ein wenig eingedrückt, aber nicht vom Boxen, sondern weil ihm früher mal ein halbes Schwein draufgefallen war.

»Du, Papa«, murmelte ich.

Er drehte sich zu mir um.

»Was ist?«

»Hm?«

Ich fuhr zusammen. Mein Mund hatte einfach drauflosgeplappert, ohne daß ich es gewollt hatte. Was hatte er eigentlich sagen wollen? Vielleicht hatte er vorgehabt, die Sache mit dem Kaugummi, den es nie gegeben hatte, zu erzählen. Vielleicht hatte er auch manches andere ausplaudern wollen, um meinen Vater sozusagen auf das Kommende vorzubereiten.

»Was wolltest du sagen?«

Er stieß mir mit dem Ellenbogen in die Seite, als wollte er mich wecken.

»Ach so«, sagte ich. »Ja, ich wollte nur wissen, was du dir zu Weihnachten wünschst.«

Jetzt hatte er die Motorhaube in Richtung Schule gerichtet. Bald würde die Penne wie ein schmutziggelber

Alptraum im Schneetreiben auftauchen, und ich fühlte, wie sich mir beim bloßen Gedanken der Magen zusammenzog.

»Frieden«, sagte mein Vater mit feierlicher Stimme, die wohl zum Anzug passen sollte. »Das ist es, was ich mir wünsche. Ein wenig Frieden.«

Doch dieser Wunsch sollte nicht in Erfüllung gehen.

»Jetzt seid ihr an der Reihe!«

Pucko kam mit seiner Mutter im Schlepptau aus dem Klassenzimmer geschlurft. Seine Mutter lächelte uns ein wenig verlegen an und sah dann mit roten Augen geradeaus, während Pucko eine Grimasse schnitt, die deutlich zum Ausdruck brachte, daß die Herrschaften da drinnen in Hochform waren.

Und da saß sie nun, die ganze Totengräberbande.

Sie hoben die Köpfe, als wir eintraten. In der Mitte saß Asp, mein Klassenlehrer. Zu seiner Linken saß der Schulpsychologe, ein Typ, der einem leidenschaftlich gern auf die Schulter klopfte und tief in die Augen schaute. Und zu seiner Rechten saß die Tante von der Schulverwaltung und zeigte die Zähne.

»Nehmen Sie bitte Platz«, sagte Asp und heftete seinen Blick eisern auf den rauchenden Zigarettenstummel, den mein Vater im Mundwinkel vergessen hatte. Asp sah es bestimmt nicht gern, daß im Klassenzimmer geraucht wurde. Sein rechter Mundwinkel zuckte, wie immer, wenn er sich über irgend etwas aufregte.

»Ich bin untröstlich«, sagte er und nickte zur Zigarette hinüber.

»Au verdammt!« sagte mein Vater überrumpelt. Er schickte eine Rauchwolke in Asps Richtung, wie ein Rauchsignal, das ihm mitteilen sollte, daß er durchaus bereit sei zuzuhören, warum er denn so untröstlich sei.

»Wieso denn das?« fügte er hinzu, als Asp nicht zu reagieren schien.

Mein Vater ließ sich auf einem der zu kleinen Stühle nieder und versuchte seine Anzughose unter die Schulbank zu quetschen. Die ganze Zeit sah er Asp und dessen Gymnastik treibenden Mundwinkel voller Mitleid an.

»Sprechen Sie sich ruhig aus!« sagte er.

»Was meinen Sie damit?« fragte Asp.

»Lassen Sie's raus, zum Donnerwetter! Raus damit! Warum sind Sie untröstlich? Sie wirken ja völlig fertig, aber ehrlich!« Asps Gesicht vollbrachte ein paar ganz besonders erstaunliche Kunststücke, dann warf er sich rasch einen dieser zuckerfreien Kaugummis ein, die er immer mit sich herumtrug, um etwas zum Kauen zu haben, falls die Zukkungen einsetzten.

Die Verwaltungstante zwirbelte eine Haarsträhne um ihren Finger und schien kurz vor dem Losprusten zu sein. Und der Schulpsychologe starrte Asp tief in die Augen. Vermutlich war er der Meinung, daß Asp ein zutiefst unglücklicher Mensch sei. Davon ging er bei allen Leuten aus.

Ich stupste meinen Vater. Doch der schüttelte mich ab, er wollte sich nicht stören lassen. Wenn jemand über seine Sorgen mit ihm reden wollte, hatte er stets ein offenes Ohr.

»Hör jetzt auf«, flüsterte ich. »Er hat doch nur gemeint, daß du hier drin nicht rauchen darfst. Er ist überhaupt nicht untröstlich.«

Ganz bescheuert war ich schließlich doch nicht.

»Warum behauptet er dann, untröstlich zu sein, wenn er es nicht ist?« schnaubte mein Vater und drückte seinen Zigarettenstummel aus, der sowieso inzwischen bis auf den Filter heruntergeglüht war und bestialisch zu stinken begann. Er drückte ihn auf einer der Kaffeeuntertassen aus, die sie hingestellt hatten, um eine gemütliche Stimmung zu erzeugen; außerdem standen da noch ein Sandkuchen, ein paar Tassen und eine Thermoskanne mit rosa Blumen drauf.

»Möchten Sie eine Tasse Kaffee?« lächelte die Verwaltungstante.

»Das wäre doch jetzt genau das Richtige«, sagte der

Schulpsychologe, als ob von der abendlichen Medizinverteilung die Rede wäre.

Er reichte meinem Vater eine zerbrechliche kleine Tasse. Ich selbst bekam zur Beruhigung einen Becher mit lauwarmem Himbeersaft.

Für kurze Zeit war es fast still im Klassenzimmer. Wir saßen alle da und schlürften unsere Getränke.

Asps Gesichtszüge begannen sich zu beruhigen.

»Also«, begann er nach einer Weile. »Es wird wohl am besten sein, wenn wir ganz offen und unverblümt miteinander reden, nicht wahr? Lasse folgt dem Unterricht nicht besonders gut. Um ehrlich zu sein, läßt sein Engagement sehr zu wünschen übrig. Wir haben unser Bestes getan, aber er ist weder wissensmäßig noch in sozialer Hinsicht assimiliert worden.«

»Stimuliert«, sagte mein Vater und runzelte die Brauen.

»Wie bitte?«

Asp mochte es gar nicht, wenn man ihn unterbrach. Der Kaugummi begann sich in rasantem Tempo zu bewegen.

»Er ist nicht stimuliert worden!« sagte mein Vater.

»Natürlich ist er das!« protestierte Asp. »Was wissen Sie denn davon? Wie können Sie so etwas behaupten?«

»Das haben Sie doch selbst behauptet«, sagte mein Vater.

»Das habe ich nie gesagt!« protestierte Asp schrill. »Was ich sagte, war nur, daß Lasse für eine Menge Probleme gesorgt hat. Er fügt sich nicht ein. Er paßt nicht auf. Er bleibt dem Unterricht fern. Es gibt einfach eine ganze Menge Probleme.«

Ich spürte, wie sich mein Magen zusammenzog. Die Mischung aus Himbeersaft und Asp war etwas zu kräftig.

»Ich muß mal«, sagte ich.

Als ich mich verdrückte, war Asp gerade damit beschäftigt, Fach für Fach meine mangelhaften Leistungen durchzunehmen. Ich musterte rasch meinen Vater. Er sah müde aus. Das war er abends immer. Er hielt seine Krawatte mit dem Sternenmuster gepackt und zerrte immer wieder daran, als wäre sie eine dieser Busschnüre, an denen man ziehen muß, um den Bus zum Halten zu bringen. Seine Augen klebten an Asps kauenden Kiefern. Ich ahnte, daß dies kein gutes Ende nehmen würde.

»Wollen Sie damit etwa sagen, daß er ein Idiot ist?«

Die Stimme meines Vaters dröhnte in den Gang hinaus. Als ich wieder ins Klassenzimmer kam, war er aufgestanden. Er war ganz rot im Gesicht. Vermutlich hatte er bei seinen Notbremsungen mit dem Schlips den Knoten etwas zu heftig zugezogen. Da war ihm wohl schwindelig geworden.

»Keineswegs«, versuchte ihn die Verwaltungstante mit ihrem Lächeln zu beschwichtigen.

»Vielleicht ist er ja eher praktisch veranlagt«, sagte der Schulpsychologe und versuchte meinem Vater tief in die Augen zu schauen.

Und Asp versuchte gerade, sich den Kaugummi aus dem Mund zu fischen. Nach erfolgreichem Fischzug legte er ihn auf die Bank. Da lag der Kaugummi nun wie ein graues kleines Mäusehirn vor den fuchtelnden Armen meines Vaters.

»Das ist möglich«, sagte mein Vater. »Es ist möglich, daß er kein Genie ist. Es ist möglich, daß er sich in der Schule nicht wohl fühlt. Das habe ich auch nicht getan. Das ist möglich. Aber ein Idiot ist er auf keinen Fall!«

Und damit schmetterte er die Faust auf die Bank. Seine Faust knallte wie ein Fleischerbeil auf Asps zuckerfreien Kaugummi herab.

»Beruhigen Sie sich doch, Mann!« stöhnte Asp und schielte zu der Stelle hinüber, wo er seinen Kaugummi hingelegt hatte.

»Komm«, sagte ich und zog meinen Vater am Ärmel.

»Wir gehen jetzt!«

»Momento«, sagte mein Vater.

Er riß seine Hand vom Kaugummi los. Als er sie von der Bank hochhob, entstanden zähe Fäden.

Mein Vater wirkte unglaublich groß, er war gut und gern einen Kopf größer als Asp und die anderen. Die Nasenflügel seiner eingedrückten Nase bebten leicht. Abgesehen davon wirkte er recht beherrscht. Nur seine rechte Hand hatte Schwierigkeiten mit den Kaugummifasern. Der Schulpsychologe fand, jetzt wäre ein wenig Schulterklopfen angebracht.

»Man muß seinen Gefühlen auch mal freien Lauf lassen dürfen«, sagte er und klopfte meinem Vater auf die Schulterpartie.

»Genau«, sagte mein Vater.

»Das ist, wie wenn man eine Eiterbeule aufsticht.« Und noch einmal Schulterklopfen.

»Genau«, sagte mein Vater.

Jetzt hatte er alle Fäden zu einer Kugel in der Hand versammelt. Asp war ebenfalls aufgestanden. Mein Vater verhielt sich immer noch ruhig. Seine Augen waren starr auf Asps Haaransatz gerichtet.

»Hinterher hat man dann ein Gefühl der Erleichterung«, fuhr der Schulpsychologe fort.

»Genau«, sagte mein Vater.

Bevor der Schulpsychologe den nächsten Schlag auf die allmählich schmerzenden Schultern meines Vaters landen konnte, trat mein Vater mit zwei großen Schritten auf Asp zu und pflanzte ihm den Kaugummiklumpen ins Haar.

Dann nahm er mich an die Hand und ging mit langen heldenhaften Schritten davon. In der Tür drehte er sich um.

»Ich bin untröstlich«, sagte er.

Im Auto sagte er nicht viel. Verbissen fuhr er durch den Schneematsch und die Dunkelheit. Die Straßenlaternen funkelten wie Sterne an uns vorbei. Ich weiß nicht, wie lange wir so fuhren. Von mir aus hätten wir ewig so weiterfahren können. Der Motor schnurrte gemütlich vor sich hin. Mein Vater hatte mir den rechten Arm um die Schultern gelegt und nahm ihn nur zum Schalten herunter.

Er fuhr, bis wir beide von einem friedlichen Gefühl erfüllt waren.

Plötzlich lachte er leise vor sich hin. Der Arm auf meiner Schulter hüpfte. Manchmal nahm er ihn weg, um sich die Augen zu wischen.

»Er hatte doch recht«, sagte er.

»Wer?«

»Dieser Schulpyskologe.«

»Wieso?«

»Hinterher fühlt man sich erleichtert.«

Er äffte die schleppende Sprechweise des Schulpsychologen nach.

Sein Schlips saß ihm inzwischen wie das Stirnband eines Seeräubers um den Kopf. Er war sehr fidel.

»Du und ich, wir sind vom selben Schrot und Korn«, sagte er.

Es klang fast so, als wäre es ihm recht, daß ich so schlecht in der Schule war, daß alles schiefging und daß ich diesen Ort haßte – genau wie er es früher getan hatte. Wir waren vom selben Schrot und Korn. Eng aneinandergeschmiegt saßen wir in unserem alten Auto und sahen den Abend draußen vorbeiflimmern – zwei einfältige, herzensreine Räuber!

»Und dabei hatte ich mir extra den Sonntagsanzug angezogen!« sagte mein Vater, während er sich aus seiner Hose herausschälte, die schon längst ihre Bügelfalten verloren hatte.

Als ob das das Schlimmste wäre.

Wir waren beide recht müde. Keiner von uns hatte Lust, etwas zu essen. Wir saßen einfach da in der Dunkelheit auf dem Sofa vor dem Fernsehapparat, der allerdings nicht eingeschaltet war. In unserer Familie sah vor allem meine Mutter fern. Unser Apparat hatte schon fast antiquarischen Wert, ein Schwarzweißgerät der Marke Luxor, dem man einen Tritt verpassen mußte, damit das Bild zu hüpfen aufhörte. Meine Mutter pflegte ihm immer einen Extratritt zu geben, in der Hoffnung, daß er endlich den Geist aufgeben und mein Vater einen neuen kaufen würde.

Auf dem Fernsehapparat stand ihr Hochzeitsfoto. Jetzt war es allerdings zu schummrig, um ihre lächelnden Gesichter noch sehen zu können. Übrigens hatte ich die Augen geschlossen. Ich lehnte mich mit geschlossenen Augen an meinen Vater und versuchte, nicht an Asp zu denken. Und mein Vater spielte dem Engel mit dem schwarzen Zahn auf dem Foto auf seiner alten Mundharmonika ›I can't stop loving you‹ vor. Er spielte sehr gut, bloß seine Mundharmonika, die war schon halb hinüber und gab anstelle mancher Töne nur Zischlaute von sich.

»Wir sind gut genug, so wie wir sind«, brummte mein Vater. »Hast du mich gehört, Lasse? Wir sind gut genug.«

Doch da war ich bereits fast eingeschlafen. Ich wußte, daß er nicht recht hatte. Aber ich war zu schläfrig, um etwas zu sagen.

Er holte die orange Decke und breitete sie über uns.

Dann spielte er ›Welcome to my world‹.

2

Draußen schneite es immer noch.

Asp hatte uns den Rücken zugekehrt und erzeugte vorne an der Tafel einen quietschenden Schneefall aus kleinen weißen Zahlen. Sogar von hinten war deutlich zu erkennen, daß etwas mit seinen Haaren passiert war. Er sah aus wie ein angejahrter Skinhead. Man hätte uns für Vater und Sohn halten können, wenn wir uns zusammen auf der Straße gezeigt hätten. Ich glaube kaum, daß Asp von dieser Ähnlichkeit begeistert war.

Er hatte keinen Ton darüber verloren, was während der Elternsprechstunde passiert war. Aber hinterher war es in der Schule nicht gerade gemütlicher geworden. Vermutlich ist es nicht ganz einfach, jemanden, dessen Vater einem ohne Vorwarnung Kaugummi in die Haare schmiert, gerecht zu behandeln.

Ich versuchte, Auseinandersetzungen aus dem Weg zu gehen. Aber er brauchte mich nur anzuschauen, und schon geriet sein rechter Mundwinkel in Bewegung. Die ganze Zeit war er hinter mir her!

Jetzt versuchte ich, das Zahlengewirr da vorne irgendwie zu ordnen. Wenn man die Zahlen nur lange genug anstarrte, würden sie ihren geheimen Sinn vielleicht enthüllen. Ich fixierte den mathematischen Schneesturm, bis mir die Augen tränten und ich das Gefühl hatte, daß meine sämtlichen Gedanken mit dem Tafelschwamm ausgelöscht worden waren.

Vor lauter Bemühungen um die Mathematik bemerkte ich es fast nicht, als der Chor einsetzte.

Er schwoll sachte an, bis das ganze Klassenzimmer von einem wortlosen, eintönigen Gesang erfüllt war. Es klang schön, wie ein Psalm oder so.

Im selben Moment, als Asp vorne an der Tafel herumfuhr, wußte ich schon genau, was passieren würde. Ich konnte ebensogut die Augen schließen. Wie auf einem Film, der hinter meinen Augenlidern abspulte, sah ich ihn mit wild zuckendem Mundwinkel auf meinen Platz zustapfen.

»Jetzt reicht's!«

Ich hielt meine Augen immer noch fest geschlossen, hatte keine Lust, ihn zu sehen. Aber ich hörte, wie rings um uns alles verstummte. Wie ein eisiger sibirischer Wind strich sein Atem über mein ungeschütztes Haupt. Meine Augen tränten immer noch von dem Gefecht mit dem Schneetreiben der Zahlen. Und mein Magen verkrampfte sich. Er hielt nicht besonders viel aus.

»Jetzt habe ich genug von deinen Dummheiten!« zischte es irgendwo oberhalb von meinem linken Ohr.

»Das war nicht ich«, sagte ich und versuchte meine Magennerven zu beruhigen.

Er stieß ein heiseres Lachen aus.

»Du hältst mich wohl für imbezil?«

»Ich weiß nicht«, sagte ich und lachte ebenfalls. Ich hatte nicht begriffen, was er gefragt hatte, aber da er gelacht hatte, war es bestimmt etwas Komisches. Jetzt lachten auch die anderen in der Klasse. Und da lachte ich noch mehr, weil ich ja wirklich allen Auseinandersetzungen aus dem Weg gehen wollte.

Herrje, und wie ich lachte!

Als ich endlich aufsah, hatten die anderen schon längst aufgehört.

Asp starrte mich mit tiefgekühlten Augen an.

»Ruhe!« herrschte er mich an.

Da sackte mein Magen vollends zusammen. Ich versuchte es zu unterdrücken, aber es ging nicht. GLAURRRP! Das klang wirklich nicht besonders fein. Das mit dem Magen habe ich von meiner Mutter.

Asp warf mir einen Blick voller Abscheu zu.

»Entschuldigung«, sagte ich. »Das kommt von ganz alleine.« Aber Asp glaubte offensichtlich nicht, daß Rülpser von alleine kommen können.

»Raus!« sagte er.

Er nickte zum Korridor hinüber. Schon wieder hinausgeworfen! Ich weiß nicht, wie oft ich schon in diesen ungemütlichen, zugigen Ort hinausverwiesen worden war, wo die Neonröhre immerzu wie verrückt blinkte und die feuchten Jacken reihenweise an den Haken hingen. In Mathe war ich wie gesagt nicht besonders gut.

Meine Augen brannten, als würden die Ziffern gerade darin auftauen. Warum mußte Asp immer über mich herfallen? Ganz gleich, ob ich mir Mühe gab oder nicht, es endete doch jedesmal damit, daß ich hinausgeschickt wurde.

Ich war schon aufgestanden, als Tina so heftig aus ihrer Bank hochschoß, daß sie dabei eine Schautafel mit unseren häufigsten Zugvögeln herunterriß. Tina war eines von diesen unauffälligen Mädchen, deren Vorhandensein man kaum bemerkt, die nie besonders viel sagen und immer gute Noten haben.

»Er hat nicht damit angefangen!« sagte sie.

Das hatte Asp nicht erwartet. Und wahrscheinlich auch sonst niemand. Einen Augenblick lang erstarrte sein Gesicht. Es war, als wüßte er nicht, was er tun sollte. Er fuhr sich mit der Hand über den Kopf, zog sie aber schnell wieder an sich, da dort oben ja keine Haare mehr waren, in die er die Finger vergraben konnte.

»Misch dich nicht in diese Angelegenheit ein, Kristina«, sagte er.

Aber sie ließ sich nicht aufhalten.

»Das ist ungerecht«, sagte sie mit schriller Stimme.

Im Klassenzimmer war es mit einemmal absolut still. Ich stand immer noch. Aber alle sahen Tina an. Sie hatte ganz rote Wangen, und ihr blondes Haar glänzte wie ein Heiligenschein.

Asp schien das verzweifelte Bedürfnis nach einem Kaugummi zu verspüren.

»Du setzt dich jetzt hin, Kristina!« sagte er. »Und Lasse verläßt das Zimmer!«

»Dann gehe ich auch!«

Mit hocherhobenem Kopf verließ sie das Klassenzimmer. In meinen Augen schien sie zu schweben, wie eine Lucia ohne Lichterkrone, getragen von sämtlichen Zugvögeln, die auf der Schautafel abgebildet waren. Vorsichtig schloß sie die Tür hinter sich. Asp tat mir fast leid. Mir tun Leute immer sehr schnell leid.

Asp sagte nichts. Er kaute nur Luft und schluckte. Das sollte wohl bedeuten, daß es nicht Worte genug gab, um meinen hoffnungslosen Fall zu beschreiben.

»Tschüs!« sagte ich, als ich zur Tür kam.

Da stand Pucko auf.

»Ich gehe auch!« rief er. »Das ist echt wahnsinnig ungerecht, aber ehrlich!«

Er wußte, wovon er sprach. Schließlich hatte er ja das Ganze inszeniert.

Und jetzt war er so empört, daß er noch mehr als sonst stolperte, als er hinter mir zur Tür hinausstürzte. Sollte er etwa sitzen bleiben, während die Unschuldigen davonziehen durften, hinaus in die wartende Freiheit?

Tina war schon verschwunden, als wir hinauskamen.

Pucko und ich fuhren in die Stadt.

Er tat sein Bestes, um mich aufzumuntern. Vielleicht hatte er ein schlechtes Gewissen, weil ich jetzt als Schuldiger dastand. Er schleppte mich zum Scherzartikelladen Buttericks, wo wir pfeifende Bratwürstchen, naturgetreue Schleimbatzen aus Plastik und künstliche Gummispinnen bewunderten. Er holte sogar extra einen Schaumgummibusen herunter und streifte sich ihn über, stolzierte damit herum und bot einem bebrillten Jungen an, ihn für fünf Kronen näher betrachten zu dürfen. Schließlich wurden wir davongejagt. Doch da hatte er schon zwei erstklassige Pappnasen und eine Packung Stinkzigaretten eingesteckt, die er seinem Vater zu Weihnachten schenken wollte. Das heißt, wenn er ihn da überhaupt zu sehen bekäme. Und doch war ich trotz all seiner Bemühungen nicht ganz bei der Sache.

»Was ist denn los?« fragte Pucko schließlich. »Haste Bauchweh oder so was?«

Ich sagte, das hätte ich. Ich konnte Pucko nicht erklären, was es war. Er hätte es nicht begriffen. Übrigens verstand ich es selbst nicht.

»Komm!« sagte er. »Ich weiß etwas, da wirst du dein Bauchweh vergessen!« Er hatte recht. Das hätte mich noch ganz andere Sachen vergessen lassen.

Er grinste erwartungsvoll, während er mich zum Kaufhaus NK hinüberschleppte. Im Kaufhaus herrschte eine erdrückende Hitze.

Wir boxten uns durch Bäuche, Hinterteile und überquellende Einkaufstaschen hindurch. Eine riesige, mit roten Mammutpaketen behängte Kunststofftanne wuchs durch sämtliche Stockwerke hoch. Aus den Lautsprechern dröhnten Tips für Weihnachtsgeschenke, Sonderangebote und »Stille Nacht« über unsere Schädel hinweg.

Nirgends war dieser Friede zu finden, den mein Vater sich wünschte.

Ich schaute in der Schallplattenabteilung nach, ob sie eventuell eine Elvisplatte hatten, die meinem Vater in seiner Sammlung noch fehlte. Aber Fehlanzeige! Pucko schlug mir vor, daß ich statt dessen eine Platte von den Twisted Sisters kaufen solle. Aber ich schüttelte den Kopf. Mein Vater mochte nur klassische Sachen.

Wir verzogen uns zur Uhrenabteilung. Hier sollte es also stattfinden!

»Kapiert?« fragte Pucko.

Ich nickte.

»Alle müssen auf vierzehn Uhr fünfzehn gestellt sein«, wiederholte er sicherheitshalber.

Wir hatten vor, sämtliche Wecker, die wir erwischen konnten, so zu stellen, daß sie gleichzeitig zu rattern, zu klingeln und zu schnurren begannen. Pucko hatte sich das extra für mich ausgedacht. Er schielte zu mir herüber, um festzustellen, ob ich auch dankbar genug aussah. Wahrscheinlich tat ich das nicht.

Pucko legte sich sofort ins Zeug. Seine Finger arbeiteten blitzschnell. Aber meine Finger wollten nicht so recht, sie fummelten linkisch auf der Suche nach den richtigen Knöpfen an den Rückseiten herum.

Ich hielt gerade eine runde Läutbombe mit Mickymausgesicht in der Hand und drehte am Einstellknopf herum, als Pucko mich am Jackenärmel zerrte.

»Lasse! Los komm! Aber schnell!«

Er flitzte schon mal davon, während ich mit meiner tickenden Mickymausuhr in der Hand stehenblieb. Meine

Finger stellten sich unbeholfener an denn je, die Sekundenzeiger rasten vor Ungeduld im Kreis herum, und meine Füße fühlten sich wie zwei Zementklumpen an. Ich konnte mich einfach nicht von dieser verflixten Uhr befreien.

Ich hielt sie immer noch in der Hand, als es losschepperte. An die zwanzig Wecker legten im selben Moment los, gleichzeitig begann auch die Mickymausuhr in meiner Hand zu blinken und zu grölen, und ein paar Radiowecker, die Pucko bearbeitet hatte, sagten auf einmal Nachrichten auf.

Mein ganzer Körper vibrierte von dem Krach. Ich hatte das Gefühl, als würden mir die Ohren abfallen. Ein Glück, daß die Pappnase mit ihrem Gummiband meine Ohren festhielt. Ich preßte die Uhr an meine Brust, um den Lärm unter meiner Jacke zu ersticken. Das klappte nicht besonders gut. Plötzlich zeigte eine blasse Verkäuferin direkt auf mein Herz.

»Das muß er sein!«

Erst da kam ich zu Bewußtsein.

Ich stürzte mit meiner rasselnden Brust davon.

Mich umzudrehen, wagte ich nicht. Ich flitzte einfach zwischen den Verkaufstischen hindurch und stieß Leute an, die hinter mir herfluchten. Pucko war in Richtung Herrenunterhosen verschwunden, also schlug ich auch diese Richtung ein.

Aber ich konnte ihn nirgends sehen.

Dafür sah ich etwas anderes. Meine Mutter!

Sie tauchte direkt vor mir auf. Und neben ihr stand ein fremder Kerl im Lederjackett. Sie selbst trug einen rosa Kunstpelzmantel, bei dessen Anblick mein Vater rot gesehen hätte. Sie standen nebeneinander und bewunderten ein Paar hellblauer kurzer Unterhosen mit rosa und gelben Streifen, die aussahen, als hätte jemand ein Paket Zuckerstreusel darübergeleert. Und dieser Lederjackenheini hatte seinen einen Arm um die Schultern meiner Mutter gelegt. Und mir war klar, daß diese Unterhosen kaum für meinen

Vater gedacht waren. Der trug nämlich nur lange Unterhosen.

Ich versuchte in letzter Sekunde, einen Zusammenstoß mit ihnen zu vermeiden, und landete statt dessen in einem Gestell voller ausgestellter Unterhosen.

Im selben Augenblick, als das Gestell über dem Mann mit dem Lederjackett zusammenkrachte, sah meine Mutter auf. Als sie sah, daß ich es war, stieß sie einen Schrei aus.

»Was?« schrie sie.

Einen Augenblick lang blieb ich stehen. Das genügte, damit der Mann mich erwischen konnte. Er hielt mich eng an das Jackenleder gepreßt, dessen Geruch wie Nervengas durch meine Pappnase hereinsickerte. Er wirkte aufgebracht. Sein Bauch fuhr raus und rein wie der Hals einer dieser Kröten, die ich im Fernsehen gesehen hatte. Meine Pappnase, die auf seinem Bauch ruhte, begann sich eigenartig aufzuführen.

Bestimmt war der Zusammenprall mit dem Unterhosengestell schmerzhaft gewesen. Es war aus Metall und sah schwer aus. Es hatte ihn im Nacken getroffen. Eine rosa Unterhose hatte sich ihm wie ein Schal um den Hals drapiert.

»Was machst du da?« schrie er mich an.

»Nichts«, sagte ich.

Ich versuchte, meine Mutter mit dem Blick zu finden. Warum rettete sie mich nicht vor diesem Wahnsinnigen? Als ich sie endlich mit den Augen erwischte, grimassierte sie mir nur zu, als wollte sie, daß ich den Mund hielte.

Das machte mich irgendwie stinkwütend.

»Glaubst du etwa, daß man so einfach durch die Gegend rasen kann?« zeterte der Mann.

Jetzt hatte er die Hand gewechselt und hielt mich am Nacken fest.

»Laß mich los!« schrie ich. »Laß mich los, du verdammter Affe!«

»Was sagst du da?«

»Laß mich los, du fetter Froschbauch!«

Das brachte den Bauch dazu, ein paarmal extra zu hüpfen. »Du bildest dir wohl ein, daß du davonkommen kannst, was?« dröhnte er weiter. »Als ob ich nicht kapiert hätte, daß du den Wecker, den du unter deiner Jacke versteckt hältst, geklaut hast! Jetzt werden wir miteinander schön die nächste Wache aufsuchen. Hallo!«

Er fuchtelte mit dem Arm, als versuchte er, mitten im Kaufhaus ein Taxi herbeizuwinken.

»Mama«, wimmerte ich. »Sag diesem hirnrissigen Idioten doch Bescheid!«

Aber sie sagte nichts.

Da biß ich zu.

Ich biß fest in seinen hüpfenden Bauch. An der Stelle, wo das Jackett aufsprang, konnte ich einen der Fettwülste gut packen. Er ließ sofort los. Ich rannte auf den Ausgang zu. Die Mickymausuhr hatte ich immer noch dabei. Inzwischen hatte sie schon längst aufgehört zu läuten. Das war meine erste Begegnung mit Hilding Torstensson.

Mein Vater war gerade damit beschäftigt, ein Schwein in Stücke zu zersägen.

Ich stand in der Türöffnung und sah seinen breiten Rücken. Eine Reihe Schweine, denen man die Haut abgezogen hatte, hingen wie graulila Klumpen von der Decke herab.

Ich hatte keine Lust gehabt, direkt nach Hause zu fahren, sondern war statt dessen beim Eisstadion aus der U-Bahn gestiegen, um meinen Vater zu besuchen. Er hatte mich noch nicht entdeckt. Seine Ohren leuchteten rot unter der weißen Mütze. Die Hände, die aus dem weißen Kittel herausschauten, waren ebenfalls rot. Das kam von der Kälte. Hier herrschte ewiger Winter, selbst mitten im Sommer. Das mußte so sein, damit das Fleisch nicht verdarb.

»Papa!«

Er drehte sich um und blinzelte meine zerdrückte Pappnase an. Dann bückte er sich und hob mich leicht wie eine Reihe Koteletts an die Neonröhren an der Decke hoch.

»Das hier ist Lasse«, rief er. »Lasse, mein Junge!«

Und alle blickten über ihre Messer hinweg zu mir her und lächelten.

»Kann ich mit dir nach Hause fahren?« fragte ich.

»Klar«, antwortete er. »Ich bin gleich fertig.«

Er wandte sich wieder seiner Arbeit zu. Aber ich hielt es nicht aus, nur zuzuschauen. Die vielen Wecker läuteten immer noch wie wild in meinem Schädel. Der Geruch nach dem Lederjackett saß mir immer noch in der Nase, und im Mund hatte ich einen ekligen Geschmack.

Ich verpaßte einem der Schweineklumpen, die von der Decke herunterhingen, einen Schwinger.

Dann steppte ich um ihn herum und drosch Schlag um Schlag auf ihn ein, genau wie dieser Boxer in ›Rocky I‹, den ich bei Danne auf Video gesehen hatte. Schließlich bewegten sich meine Arme wie von selbst. Sie schlugen und schlugen, bis ich einen ganz leeren Kopf hatte und vergaß, wo ich war und was ich da eigentlich vermöbelte. Es war, als wäre ich übergeschnappt. Ich machte weiter, bis ich ganz erschöpft und außer Atem war und meine Arme sich anfühlten wie Kaugummi.

Als ich den Kopf hob, sah ich die übrigen Männer um mich herumstehen. Mit ihren weißen Kitteln und diesen bescheuerten Mützchen auf dem Kopf sahen sie wie ein Rudel Eisbären mit herabhängenden Tatzen aus, wie lauter freundliche Eisbären. Sie lächelten mich mit schwermütigen Augen an. Sie schienen sich samt und sonders von diesem künstlichen Winter wegzusehnen.

»Du bist wirklich ganz gut in Form, mein Junge«, sagte einer der Eisbären.

Ich schüttelte den Kopf, um den eisbärenhaften Ausdruck aus ihren Gesichtern zum Verschwinden zu bringen. Dann grinste ich sie an, hob die Arme über den Kopf und hüpfte auf und ab, wie die Boxer es tun, wenn sie gewonnen haben. Mein Vater packte mich am Arm.

»So, Jungs, ich werd' jetzt Leine ziehen«, sagte er.

Mit langen Schritten ging er vor mir her, wie ein König der Eisbären.

Als ich den Kopf im Auto nach hinten lehnte und der Geruch nach Leder mir in die Nase stieg, kehrte das Bild vom Lederjackett zurück. Aber ich sagte nichts zu meinem Vater. Er war nicht besonders redselig. Und das war ich auch nicht. Wir Eisbären sind eher schweigsam. Im Auto war es dunkel, und ich preßte die Mickymausuhr, die ich in die Tasche gezwängt hatte, fest an mich. Nach einer Weile begann mein Vater zu pfeifen.

›I really don't want to know‹ pfiff er.

3

Das erste, was ich hörte, war das Gelächter meines Vaters. Es drang mit den Duftschwaden nach Weihnachtsschinken durch den Türspalt. Die Mickymausuhr zeigte auf halb zehn. Dem Tag zu Ehren zog ich rote Socken an. Immerhin war Heiligabend!

Meine Mutter saß am Küchentisch und schaute die Engel an, die sich im Kreis drehten und an ihre kleinen Messingglöckchen plingten, so wie jedes Jahr an Weihnachten. Als ich hereinkam, sah sie auf und lächelte mir zu. Sie hatte einen Teller voller Essiggurken vor sich stehen. Ihr Spezialfrühstück!

»Frohe Weihnachten!« sagte sie.

»Endlich!« sagte mein Vater schmunzelnd. »Beeil dich! Wir haben noch viel vor.«

»Was denn?«

»Das wirst du schon sehen.«

»Was heckt ihr da zusammen aus?« erkundigte sich meine Mutter.

»Das würdest du gerne wissen, was?«

Mein Vater grinste zufrieden. Er war so eifrig, daß er jede Sekunde damit herauszuplatzen drohte, was er sich Großartiges ausgedacht hatte. Er zwinkerte meiner Mutter zu.

»Herrje, was für Kindsköpfe!« sagte sie. »Und mit so was soll man nun zusammenleben!«

Sie stopfte sich den Mund voller Essiggurken.

Plötzlich stand sie auf und stürzte auf die Toilette hinaus, um sich zu übergeben. Das hatte sie in letzter Zeit ziemlich oft getan. Und dennoch schien es meinen Vater zu freuen. Je mehr sie sich übergab, desto fröhlicher wurde er.

Er begleitete meine Mutter hinaus, für den Fall, daß er behilflich sein könnte. Ich blieb in der Küche sitzen und versuchte, nicht hinzuhören.

Nach einer Weile kam mein Vater zurück.

»Jetzt fahren wir«, sagte er. »Deine Mutter muß sich etwas ausruhen.«

»Fünftausendvierhundertfünfundneunzig«, sagte der Verkäufer. »Sehr preiswert. Hat sechstausendfünfhundert gekostet. Fernbedienung. Für Kabelanschluß eingerichtet.«

Der Verkäufer war ein spitznasiger, schnoddriger Typ in kariertem Jackett mit mißtrauischem Gebaren.

»Können Sie ihn mir bitte gleich einpacken«, sagte mein Vater. »In Weihnachtspapier.«

»Wir haben auch noch billigere im Angebot«, versuchte das karierte Jackett und zeigte auf die Regale.

»Der hier muß es sein!«

Mein Vater gab dem großen Apparat einen Klaps, daß ich befürchtete, der Kasten würde auf seinen schwarzen Kugelrädern in die Wand knallen.

»Was meinst du?«
Er drehte sich zu mir um.
»Sie wird bestimmt sehr überrascht sein«, sagte ich.
»Sie wird so platt sein wie nie!« strahlte mein Vater.
»Den alten hat sie nie besonders gemocht«, sagte ich.
»Sie hat ihn gehaßt, mein Junge! Sie hätte ihn am liebsten die Treppe hinuntergekickt!«
»Oder zum Fenster hinausgeworfen«, fügte ich hinzu.

Mein Vater leuchtete stärker als sämtliche Bildschirme. Der Verkäufer sah vom Einwickelpapier hoch.

»Sie bezahlen doch bar?« erkundigte er sich besorgt.
»Was denn sonst«, sagte mein Vater. Er haßte Ratenzahlungen wie die Pest.

Dann holte er seine Brieftasche hervor, befeuchtete die Fingerspitzen und zog feierlich vier Tausendkronenscheine und eine Anzahl Hundertkronenscheine heraus, die er auf den Tisch legte.

»Hier!« sagte er.

Seine Augen klebten an dem Paket. Das Papier wimmelte von rotbackigen Weihnachtsmännern und flatternden Dompfaffen und sah unerhört weihnachtlich aus.

»Danke!« sagte mein Vater.

Er streckte dem Verkäufer seine Pranke hin, und der Verkäufer bekam mindestens so rote Backen wie einer der Weihnachtsmänner und sah aus, als befürchtete er, daß mein Vater ihm den Arm abreißen und zum Fenster hinauswerfen könnte.

»Gestatten Sie mir, Ihnen ein frohes Fest zu wünschen«, sagte er.

»Und ob das froh wird, mein Junge!« sagte mein Vater. »Und ob das froh wird!«

Dann war alles fertig.

Meine Mutter hatte das rote Kleid an, das genau zu dem Lippenstift paßte, den ich ihr gekauft hatte. Mein Vater roch nach Rasierwasser und folgte meiner Mutter mit dem

Blick, damit sie sich ja nicht in mein Zimmer hineinverirrte, in das wir die Überraschung geschleppt hatten.

Als erste kam Tante Dagmar, die Schwester meines Vaters.

»Echt starke Frisur!« sagte sie und strich mir mit der flachen Hand über meine Stoppelhaare. Als sie so nah neben mir stand, nach Hyazinthen aus dem Blumenladen roch und ihre Hand auf meinen Kopf legte, dachte ich, daß dies möglicherweise doch noch ein gelungener Heiligabend werden könnte.

Dann tröpfelten nach und nach die anderen ein, Oma und Opa und Großmutter. Großmutter und Großvater, die Eltern meiner Mutter, waren geschieden und besuchten uns jeweils abwechselnd an den Feiertagen. Mehr waren es nicht. Nur noch Sessan, der grauhaarige Dackel von Oma und Opa.

»Was macht die Schule?«

Großmutter legte ihren Arm auf meine Schultern. Er wog hundert Kilo.

Ich überlegte, was ich antworten sollte, doch da kam mein Vater dazwischen.

»Jetzt wird gefuttert!« sagte er. »Auf geht's!«

Wir aßen im Wohnzimmer. Zwischen dem Weihnachtsbaum und dem alten Fernsehapparat stand der Küchentisch mit zwei Ausziehscheiben und sah wie das kalte Buffet auf der Fähre nach Åland aus, beladen mit Wurst, Sülze, Pastetchen, einem Gratisschinken, groß wie ein Punchingball, Heringssalat, Fleischklößchen, Senf und Käse, einer ungeöffneten Familienpackung Essiggurken, rote Bete als Beilage zur Sülze und kleine spitze Schnapsgläser für die Erwachsenen.

»Bitte sehr, greift zu!« sagte mein Vater.

Er begann mit rasender Geschwindigkeit zu essen, um so schnell wie möglich zum Geschenkeverteilen zu kommen. Opa aß schweigend mit gerunzelten Augenbrauen, als versuchte er, eine schwierige Matheaufgabe zu lösen. Neben ihm saß Großmutter und starrte auf den kargen Teller meiner Mutter, auf dem sich nur ein Berg Essiggurken befand, von einem minimalen Klacks Leberpastete und einer hauchdünnen Scheibe Rauchfleisch begleitet.

»Was ist los? Fehlt dir etwas?«

Großmutter starrte meine Mutter an.

»Wieso?«

»Du ißt ja gar nichts, Ritakind.«

»Ihr geht's bestens«, erklärte mein Vater.

»Hast du was mit dem Bauch?« fragte Großmutter, die nicht so leicht aufgibt.

»Mit dem Bauch!« wiederholte mein Vater begeistert. »So könnte man es vielleicht auch nennen!«

»Mit solchen Sachen muß man aufpassen«, sagte Großmutter scharf.

»Klar«, sagte mein Vater. »Wir werden auf ihren Bauch aufpassen wie auf ein kleines Kind.«

Das auf die Gabel gespießte Cocktailwürstchen, das Großmutter gerade zum Mund führen wollte, blieb auf halbem Weg stehen, und Großmutter sah aus, als wäre eine Art Ratespiel im Gange. Sie starrte meinen Vater an, der mit dem Weihnachtsbaum um die Wette strahlte, während meine Mutter ihm Gesichter schnitt, um ihm klarzumachen, daß er die Klappe halten solle. Vermutlich versuchte sie ihn außerdem noch unterm Tisch zu treten. Plötzlich kam nämlich Sessan wie eine pfeifende Neujahrsrakete unter der Tischdecke hervorgeschossen und erschreckte Opa so sehr, daß er sich verschluckte und Oma ihm auf den Rücken klopfen mußte, um ihn von einem Fleischklößchen zu befreien, das er in den falschen Hals bekommen hatte.

»Alfred!« sagte meine Mutter, als ob das alles die Schuld meines Vaters wäre.

Sessan schnappte sich das Fleischklößchen, das Opa herausgehustet hatte, und suchte dann unterm Sofa Deckung. Anschließend wurde es recht friedlich, bis Dagmar auf ihre Uhr schaute und ausrief: »Um Himmels willen, wir verpassen ja Donald Duck!«

Aber Donald Duck war in einem Schneesturm auf dem Bildschirm verschwunden und mit ihm auch Tick, Trick und Track, der Stier Ferdinand, Susi und Strolchi, Benjamin Grille und all die anderen!

Ich weiß nicht, ob mein Vater um der besseren Wirkung willen an unserem alten Fernseher herumgetrickst hatte. Auf jeden Fall sah man überhaupt nichts außer einem knisternden Schneefall. Es half auch nichts, daß meine Mutter dagegen trat.

»Du mit deinem Müllhaufen von einem Fernseher!« fauchte sie meinen Vater an. »Er ist so irrsinnig knausrig, daß er nicht einmal einen funktionierenden Fernseher anschaffen kann!«

»Genau!« sagte ich. »Der größte Supergeizkragen der Welt!«

Mein Vater fühlte sich ungeheuer wohl. Er wollte den Fernsehapparat überhaupt nicht mehr in Ruhe lassen, lächelnd blickte er ins Schneegeflimmer und drehte an sämtlichen Knöpfen, ohne daß das irgend etwas bewirkt hätte.

»Hör auf«, sagte Dagmar. »Jetzt tanzen wir lieber um den Baum.«

Nachdem wir den Baum in die Mitte des Zimmers gezogen hatten, faßten wir uns an den Händen und drehten unter lautem Singen viele Runden, bis Opa wie ein Weihnachtsapfel aussah und sich ausruhen mußte.

Da legte mein Vater eine Platte auf.

»Darf ich bitten?« sagte er und verbeugte sich vor meiner Mutter.

Und während Elvis ›Hard Headed Woman‹ sang und ›A Fool such as I‹, tanzten sie, wie sie früher vor Urzeiten getanzt hatten, bis meine Mutter rote Backen bekam, ihr Engelslächeln mit dem schwarzen Zahn lächelte, der Weihnachtsbaum die Hälfte seiner Nadeln verlor und meine Mutter mit dem Hintern an die Kommode mit der Krippe stieß, so daß Josef ebenfalls zwischen Maria, dem Jesuskind und den Schafen zu tanzen begann und schließlich auf den Boden knallte, wo er den Kopf verlor.

»Jetzt gibt's Weihnachtsgeschenke!« rief mein Vater.

»So 'ne Pleite!«

Als Dagmar sich die Weihnachtsmaske überziehen wollte, löste sich das Gummiband auf der einen Seite. Wie jedes Jahr hatte sie die Aufgabe, den Weihnachtsmann zu spielen. Da stand sie nun unglücklich mit dem Gesicht in der Hand, im alten Trenchcoat meines Vaters, der groß wie ein Zelt war, und dem Sack voller Geschenke neben den hohen Stiefeln.

»Was machen wir jetzt? Ohne die Maske kann ich unmöglich Weihnachtsmann spielen.«

»Wir müssen das Band eben wieder annähen!«

Ich begab mich in das Schlafzimmer meiner Eltern. Soweit ich wußte, hatte meine Mutter ihre Nähsachen in der gelben Kommode. Ich mußte eine gute Weile wühlen, bis ich das Gesuchte fand – Zwirn und eine Nähnadel. Als ich die Schublade wieder zuschieben wollte, sah ich etwas aus dem Durcheinander aus Taschentüchern und alten Strümpfen herausleuchten.

Es war ein Päckchen, in weißes Papier eingewickelt und mit braunem Band. Es war nicht besonders groß. Eine Karte mit einem Weihnachtsmann darauf war daran befestigt. Typisch für meine Mutter, die Pakete erst zu verstecken und sie dann zu vergessen! Denn mein Vater konnte es doch nicht gewesen sein?

Während Dagmar sich daranmachte, die Maske zu reparieren, steckte ich das Päckchen heimlich ganz zuunterst in den Geschenkesack. Ich fühlte mich wie ein rettender Engel, dem der Heiligenschein überm Skinheadschädel schwebte.

»Der Weihnachtsmann!« jubelte mein Vater. Er war an die Tür geflitzt, um aufzumachen.

Und da stand sie! Die rote Zipfelmütze wackelte über dem frischreparierten Gesicht, die braunen Augen schauten blinzelnd zu den Öffnungen heraus, und sie sah aus, als wäre sie mindestens tausend Jahre alt und direkt aus dem Reich der Eisbären gekommen.

»Schnell herein mit dir, Menschenskind!«

Mein Vater führte sie ins Wohnzimmer.

»Hier komme ich mit einem Sack voller Geschenke«, brummte Dagmar mit ihrer tausendjährigen Stimme.

Und während die Weihnachtsengel auf dem Couchtisch im Kreis herumplingten, wurden die Geschenke verteilt.

Sessan bekam einen Gummiknochen und Opa eine Zigarre. Meine Mutter bekam den Lippenstift von mir und probierte ihn sofort aus. Ich bekam einen Kassettenrecorder im Taschenformat und einen Pulli im Elefantenformat, den Großmutter gestrickt hatte, damit ich hineinwachsen konnte. Meinem Vater hatte ich eine neue Mundharmonika geschenkt. Sie glänzte wie Silber und war so teuer gewesen, daß fast mein ganzer Verdienst vom Werbezettelverteilen dafür draufgegangen war. Eine lange Unterhose bekam er auch noch. Mit dem Filzstift hatte ich FRIEDE auf den Unterhosenhintern geschrieben. Und das löste bei Oma einen Lachanfall aus. Sie lachte, daß ihr die Tränen in die Kuchenform kullerten, die sie von meiner Mutter bekommen hatte. Mein Vater saß mit der Mundharmonika in der Hand da. Er hatte glänzende Augen und wirkte sehr glücklich.

»Habt ihr so was schon mal gesehen!« sagte er. »Habt ihr jemals so eine Mundharmonika gesehen!«

Er setzte sie vorsichtig an die Lippen und probierte sie aus. Auf dem Kopf hatte er die weiße Pelzmütze, die meine Mutter ihm geschenkt hatte. Er erinnerte mehr denn je an einen Eisbären, und die Töne der Mundharmonika vibrierten genau richtig.

Aber jetzt konnte er sich nicht mehr beherrschen, obwohl noch ein paar Geschenke übrig waren und er vorgehabt hatte, bis zum Schluß mit der ÜBERRASCHUNG zu warten. Er stand auf.

»Hör mal, du komischer alter Knacker«, sagte er zum Weihnachtsmann. »Was ist eigentlich mit dem Paket, das du im anderen Zimmer versteckt hast? Hast du das eigentlich vergessen, oder was?«

»Was denn?« fragte meine Mutter. »Was für ein verflixtes Paket?« Sie wirkte echt erschüttert.

»Dieser Kerl mit der Zipfelmütze hat eines der Geschenke einfach versteckt«, erklärte mein Vater schmunzelnd. »Welch ein Glück, daß ich es entdeckt habe!«

Er begann Dagmar zu den Schlafzimmern hinüberzuführen.

»Mensch, laß das bleiben!« rief meine Mutter.

»Ich denk ja nicht daran!« sagte mein Vater und steuerte auf mein Zimmer zu.

Als er die Tür öffnete, sah man das Paket. Meine Mutter setzte sich wieder. Sie war drauf und dran gewesen, hinter ihnen herzurennen.

»Ist es etwa das?« fragte sie matt.

»Genau!« sagte mein Vater. »Für dich, vom größten Supergeizkragen der Welt!«

Er trug das Geschenk selbst herüber und stellte es meiner Mutter vor die Füße. Meine Mutter sah wirklich so verdattert aus, wie er es sich gewünscht hatte. Ihre Hände zitterten, als sie das Papier öffnete. Und da stand er nun, in seiner ganzen glänzenden, großartigen Pracht! Das neueste Jahresmodell von der bekannten Firma Luxor!

»Ihr seid ja wahnsinnig«, flüsterte sie. »Was hat der gekostet?«

»Er hat eine Fernbedienung«, sagte mein Vater. »Ich dachte mir, daß du auf dem Sofa liegen und Gurken futtern könntest, während du darauf wartest, daß –«

Weiter kam er nicht. Meine Mutter brachte ihn mit ihren Lippen zum Schweigen. Sie drückte ihm auch einen Kuß auf die Stirn. Ihre Lippen hinterließen einen großen roten

Abdruck unterhalb des Mützenrandes. Der Lippenstift war nicht kußecht.

»Was bist du doch für ein Spinner!« schluchzte meine Mutter und sah auf diese ganz besondere Art traurig aus, die bedeutet, daß man eigentlich sehr froh ist.

»Now and then«, sagte mein Vater. »Now and then there's a fool such as I.«

Hier hätte es enden sollen.

Wie in einem Film, wo alles plötzlich zu einem unbeweglichen Bild erstarrt. Mein Vater würde mit seinem Kußabdruck auf der Stirn dastehen und ewig glücklich aussehen. Und meine Mutter würde in ihrem roten Kleid vor ihm auf den Zehenspitzen stehen, die Hände auf seine Schultern gelegt, den Mund noch zum Kuß gespitzt. Und durch die Rauchschwaden von Opas Weihnachtszigarre könnte man den Weihnachtsbaum, den neuen Fernseher und meine eigene grinsende Visage sehen.

Doch jetzt hatte der Weihnachtsmann schon dieses weiße Paket mit dem braunen Band hervorgezogen.

»Ein Paket für dich!« sagte er zu meiner Mutter.

Und bevor Dagmar dazu kam, vorzulesen, was auf der Karte stand, hatte meine Mutter es schon an sich genommen. Sie preßte es an sich.

»Das hier mache ich später auf«, sagte sie. »Ich habe schon mehr als genug bekommen.«

»Was soll der Unsinn«, sagte mein Vater. »Mach es jetzt auf, dann können wir anschließend den Fernseher ausprobieren.«

Es blieb ihr nichts anderes übrig.

Ihre Hände zitterten, als sie langsam das Papier entfernte. Dann hielt sie ein, setzte sich aufs Sofa und sah meinen Vater flehend an.

»Bitte«, sagte sie. »Das hier ist jetzt nicht so wichtig.«

»Was ist denn mit dir los? Warum stellst du dich so an?«

Er ging zu ihr hinüber, als hätte er vor, das Paket selbst zu öffnen. Da fuhr sie so heftig zusammen, daß sie es fallen ließ. Eine braune Schachtel landete in Großmutters Schoß, der Deckel sprang auf, und etwas Rotschimmerndes fiel heraus.

»Herrje!«

Großmutter hielt es ins Licht. Es war ein schmales Halsband aus roten Steinen. Nichts besonders Aufregendes. Mit dem übrigen Glitzerkram meiner Mutter nicht zu vergleichen! Aber meine Großmutter starrte die Steine aufgeregt an. Und im Handumdrehen hatte sie auch die Karte hervorgezaubert. Sie las sie und drehte sich dann zu meinem Vater um.

»Nicht schlecht!« sagte sie. »So eine Überraschung!«

»Wieso?« fragte mein Vater.

»Aber geahnt habe ich es schon!« fuhr Großmutter fort.

»Was geahnt?«

»Das hier«, sagte sie und wedelte mit der Karte.

»Um was geht's eigentlich?« brummte Opa hinter den Zigarrenwolken.

»Sie erwarten ein Kind!« verkündete Großmutter triumphierend.

Es wurde ganz still. War sie etwa übergeschnappt? Mit dem Lächeln auf den Lippen und der Karte in der einen und dem Halsband in der anderen Hand sah sie tatsächlich leicht irre aus.

»Woher weißt du das?« fragte mein Vater.

»Du hast es doch selbst geschrieben!«

»Ich?«

»Ja. Auf der Karte. Ich hatte ja keine Ahnung, daß du so ein Dichter bist.«

»Dichter? Was quasselst du da eigentlich?«

Ich begriff, daß irgend etwas schiefgelaufen war. Das war am Gesicht meiner Mutter abzulesen. Und an der verwirrten Miene meines Vaters. Irgend etwas war ausgesprochen wahnsinnig schiefgelaufen. Ich glaube, Dagmar ahnte es auch. Sie streifte sich gerade die Maske vom Kopf. Da begann Großmutter, die Karte laut vorzulesen.

»Hört mal her«, sagte sie und hielt sich die Karte vor die Nase.

»Meiner Liebsten zur Weihnachtszeit
schenk ich mein Herz und Schmuck in aller Bescheidenheit,
das kostbare Band verbinde uns beide,
der werdenden Mama wünscht der dito Papa
recht viel Freude!«

Als sie geendet hatte, stand mein Vater regungslos da. Er sah meine Mutter an, als könnte sie ihm helfen. Aber sie wandte den Blick ab. Er war ganz blaß geworden, und der rote Lippenstiftabdruck unter der Pelzmütze sah wie eine Wunde aus. »Dito«, murmelte er, als ob alles von diesem Wort abhinge. »Dito!«

»Und das Halsband erst!« gurrte Großmutter entzückt, als wäre alles in bester Butter, obwohl selbst Sessan kapiert haben mußte, daß irgend etwas nicht stimmte. »Das Halsband, das muß doch ein Vermögen gekostet haben.«

Großmutter hatte bei Hallbergs gearbeitet und wußte daher, was solche Sachen wert waren.

»Dito«, sagte mein Vater.

»Es tut mir leid«, sagte meine Mutter.

»So ist es also«, sagte mein Vater.

Meine Mutter nickte. »Das wollte ich nicht«, flüsterte sie.

Doch da war er schon zur Wohnungstür unterwegs. Er schloß sie nicht einmal hinter sich. Ich hörte, wie seine Schritte im Treppenhaus hallten und wie die Haustür zufiel.

Da ließ Dagmar die Weihnachtsmaske fallen und stürzte hinterher. Sie blieb nur kurz bei mir stehen.

»Sei nicht traurig, Lasse«, sagte sie. »Das wird schon wieder!«

Im Nichtverstehen bin ich einsame Spitze. Das haben mein Vater und ich gemeinsam.

Ich lag auf dem Bett. Es war Nacht, und unsere Gäste waren nach und nach verschwunden. Ich versuchte mir einzureden, daß überhaupt nichts passiert sei, obwohl ich wußte, daß ab jetzt alles anders werden würde. Meine Mutter erwartete ein Kind von einem anderen! Und mein Vater war ohne Mantel auf die Straße hinausgerannt und noch nicht zurückgekehrt, obwohl die Mickymausuhr halb zwölf zeigte. Und meine Mutter saß auf meiner Bettkante und sagte, ich müsse versuchen, sie zu verstehen, für sie sei es auch nicht so leicht. Und mir wurde plötzlich klar, daß der Mann, von dem sie das Kind erwartete, dieser Typ im Lederjackett war, den ich in den Bauch gebissen hatte.

Meine Mutter strich mir über die Wange.

»Ich möchte, daß du mit mir zu ihm ziehst«, sagte sie.

Ich drückte auf den Aufnahmeknopf des Kassettenrecorders, den ich bekommen hatte.

»Niemals«, sagte ich. »Niemals, niemals, niemals!«

Dann spulte ich das Band zurück und spielte es ab.

»Niemals!« hallte es aus dem Kassettenrecorder. »Niemals, niemals, niemals!«

4

»Ist er nicht süß?«

Pucko streichelte ihm das glänzende braune Fell. Ich war zu Pucko abgehauen, um den flehenden Augen meines Vaters ein Weilchen zu entkommen. Es war der Tag, an dem meine Mutter und ich ausziehen würden. Mein Vater wanderte durch die Wohnung und sah aus wie ein Eisbär, der sich jederzeit ins nächste Eisloch stürzen kann. Und das hielt ich nicht aus. Daher hatte ich erfreut ja gesagt, als Pucko angerufen und gefragt hatte, ob ich hinüberkommen und sein neues Haustier bewundern wolle.

»Jetzt endlich raus mit der Sprache! Ist er nicht hübsch?«

Ich musterte die munteren Augen und die Barthaare, jedesmal zitterten, wenn er die Schnauze kraus zog und seine makellosen Vorderzähne zeigte. Er war unglaublich groß! Er schob seine Schnauze in Puckos Achselhöhle, während sich der Schwanz auf Puckos Jeans hinunterringelte.

»Er ist echt super!« sagte ich und schluckte.

»Möchtest du ihn mal halten?«

»Ich weiß nicht.«

Ich begnügte mich damit, ihn zu streicheln. Klar war er hübsch. Aber ich war mir noch nicht ganz sicher, ob ich Ratten mochte. Oder ob sie mich mochten.

»Ich glaube, er möchte lieber an deiner Achselhöhle bleiben«, sagte ich. »Er scheint den Geruch zu mögen.«

Pucko hatte ihn von seinem Vater zu Weihnachten bekommen. Das heißt, er hatte ihn sich selbst für das Geld gekauft, das ihm sein Vater geschickt hatte. Er hatte ihn Blackie Lawless getauft, nach einem der Sänger von WASP.

»Und was sagt deine Mutter dazu?«

Genausogut hätte ich fragen können, was sie von Krokodilen oder Skorpionen hielt. Oder ob sie vielleicht von Kobras begeistert sei. Oder von behaarten Vogelspinnen – eine Zeitlang hatte Pucko nämlich überlegt, ob er eine kaufen sollte.

»Was glaubst du wohl?« sagte er verächtlich. »Wenn sie ihn zu Gesicht bekäme, würde sie ihn rauswerfen. Sie würde ihn umbringen. Sie haßt Tiere!«

Beim bloßen Gedanken daran, was seine Mutter mit Blackie Lawless anstellen würde, wenn sie ihn entdeckte, drückte Pucko das niedliche Tierchen fester an seine magere Brust und liebkoste die gespitzten Ohren des Kleinen mit seinem Kinn. Er machte ein verliebtes Gesicht, und ich dachte, das wird nicht gutgehen. Das Leben ist voller Geheimnisse, dachte ich. Die sind wie Wecker, ticken langsam vor sich hin, bis sie plötzlich losrasseln und sich verraten und einen höllischen Aufruhr verursachen.

Ich hatte für ein paar Jahre genug von Geheimnissen.

Aber Pucko wußte schon genau, wie er es deichseln würde. Er würde Blackie so lange dressieren, bis er einmalig wäre. Er würde ihm Kunststückchen beibringen. Und wenn Blackie erst mal einmalig wäre, könnte Puckos Mutter nichts mehr sagen. Und dann dürfte Pucko Blackie behalten.

»Ratten sind nämlich echt clever«, sagte er.

Um zu zeigen, wie clever sie waren, setzte er Blackie auf die Kante seines überfüllten Schreibtisches, wo der Kleine ganz still sitzen blieb und den Schwanz um das alte Plastikmodell eines Skeletts schlang, das nie fertiggebaut worden war, da Puckos Vater vorher verschwunden war. Blackie saß da und folgte Pucko mit den Augen, während Pucko zum anderen Tischende hinüberging.

Pucko beugte sich über die Schreibtischkante und holte einen Zuckerwürfel aus der Tasche, den er sich zwischen die Vorderzähne klemmte, dann hob er die rechte Hand und schnalzte mit den Fingern. Erst da setzte sich Blackie in Bewegung. Er trippelte über die Berge auf dem Schreibtisch, und als er auf Puckos Seite angekommen war, richtete er sich auf, hielt die Vorderpfoten in die Luft und schnappte sich den Zuckerwürfel aus Puckos Mund. Es sah aus, als würden sie sich küssen.

»Na, was sagst du jetzt?« grinste Pucko stolz.

Ich kam nicht mehr dazu, etwas zu sagen. Ich hatte sagen wollen, daß Blackie fast schon einmalig sei, aber dazu hatte ich keine Gelegenheit mehr, denn inzwischen hatte Puckos Mutter die Tür aufgerissen. Hier in heimatlichen Gefilden sah sie gar nicht mehr so eingefallen und grau aus wie bei unserer Begegnung in der Schule. Im Gegenteil, sie wirkte durchaus kräftig, und ihr Gesichtsausdruck ließ darauf schließen, daß sie Blackie für alles andere als einmalig hielt.

»Was, zum Teufel, hat dieses ekelhafte Biest in unserer Wohnung verloren?« schrie sie.

Ich war so durcheinander, daß ich zuerst annahm, sie meine mich.

»Ich habe nur kurz hereingeschaut«, sagte ich.

Im selben Augenblick bemerkte ich meinen Irrtum. Ich beeilte mich zu grinsen, damit sie es für einen Scherz hielt. Das tat sie sowieso. Für einen ganz müden Scherz! Sie durchbohrte mich mit ihren Augen wie mit Laserstrahlen, bis mein Magen zu blubbern begann.

»Wo hast du das da her?« fragte sie und sah Blackie an.

Pucko antwortete nicht. Er stand wie erstarrt da und hielt die Ratte im Arm. Wahrscheinlich überlegte er fieberhaft, wie er seinen kleinen Liebling retten könnte. Seine Mutter machte einen Schritt auf uns zu.

»Los, antworte!« sagte sie.

»GLUAARRP!« gab mein brodelnder Magen von sich. Das pflegte er ja mit Vorliebe in schwierigen Situationen zu tun, immer dann, wenn es überhaupt nicht paßte.

Puckos Mutter warf mir einen Blick zu, als wäre ich Luft. Und so fühlte ich mich auch – als ob mein ganzer Bauch wie ein Ballon mit Luft gefüllt wäre.

»Peter!« sagte sie zu Pucko. »Warum hast du dieses schreckliche Tier mit nach Hause geschleppt? Eine Ratte!«

Inzwischen hatte sie sich ein bißchen beruhigt. Aber sie würde sich trotzdem kaum dazu überreden lassen, daß Pucko Blackie Lawless behalten durfte, das war mir klar. Und Pucko auch. Plötzlich zeigte er nämlich auf mich.

»Die Ratte gehört Lasse«, sagte er. »Er hat sie mitgebracht!«

»Was?«

Ich war so überrumpelt, daß mir nichts anderes zu sagen einfiel. Ich sah nur, wie Pucko mir Grimassen schnitt. Schon wieder einer, der mir Grimassen schnitt!

»Klar«, sagte Pucko. »Er hat nur vorbeigeschaut, um mir seine kleine Ratte vorzuführen. Die hat er von seinem Vater zu Weihnachten bekommen.«

»Dann muß er sie auch von hier entfernen«, sagte seine Mutter grimmig. »Und zwar jetzt gleich!«

Seufzend setzte Pucko mir das schreckliche Tier auf den Schoß. Ich wagte es nicht anzufassen. Ich wagte nicht einmal, Angst zu haben, ich bildete mir nämlich ein, daß Ratten wie Hunde seien. Wenn sie am Geruch merken, daß man Angst hat, beißen sie zu, dachte ich.

»Dann verzieh dich jetzt lieber«, sagte er. »Wir sehen uns in der Schule.«

Ich hatte ihm schon erzählt, daß ich umziehen würde. Jetzt stand ich auf und taumelte zur Tür hinüber. Pucko kam mit, um einen letzten Blick auf Blackie Lawless zu werfen.

»Übrigens habe ich Tina in der Stadt getroffen«, sagte er. »Sie hat nach dir gefragt.« Seine Stimme hallte im Treppenhaus.

Draußen schneite es. Ich steckte Blackie unter den Großmutterpulli, damit er nicht zu frieren brauchte. Er wärmte meinen unruhigen Magen, während ich heimwärts stapfte und mir überlegte, wie ich ihn beim Umzug mitnehmen könnte und warum Tina nach mir gefragt hatte. Plötzlich mußte ich über sehr vieles nachdenken, und das ging nicht besonders gut. Ich war ein ausgesprochen ungeübter Denker.

Meine Mutter stand in der Tür. Sie hatte den rosa Kunstpelz an. »Lasse! Komm jetzt. Es ist soweit!«

Mein Vater stand am Fenster und sah hinaus. Obwohl er so verfroren war, hatte er das Fenster weit geöffnet, als müßte er sich abkühlen. FRIEDE stand auf dem Hinterteil der langen Unterhose, die er anhatte.

Ich saß auf dem Sofa und starrte in die Glotze. Das tat ich, um den traurigen Rücken meines Vaters nicht sehen zu müssen, um nicht sehen zu müssen, wie meine Mutter herumräumte und Tüten und Taschen füllte. Allzuviel würden wir allerdings nicht mitnehmen. Das meiste hatte Hilding Torstensson bereits.

»Mach den Fernseher aus und komm jetzt!« forderte meine Mutter mich auf.

Aber ich blieb sitzen, wie von der Mattscheibe hypnotisiert. Ich wagte einfach nicht aufzustehen. Dann hätte ich vielleicht nicht die nötige Kraft zum Umziehen. Daher starrte ich wie besessen in die Glotze. Dort flatterte eine grüngekleidete Gestalt mit Bart und Feldstecher durch die Gegend. Sie versuchte, einen Vogelbeobachter darzustellen, grinste, daß man ihre Zahnlücken sehen konnte, und redete von einem Buch, das von einem Adler handelte, der Angst vorm Fliegen hatte. Das war der Büchertip.

Während dieser Vogelmensch auf der Mattscheibe weiterlaberte, sah ich aus dem Augenwinkel, wie mein Vater sich vom Fenster abwandte. Meine Mutter hätte den Fernseher lieber nicht erwähnen sollen.

»Willst du den nicht mitnehmen?«

Er nickte zum Luxor hinüber.

»Den kannst du behalten«, sagte meine Mutter. »Torstensson hat schon einen.«

Inzwischen war der Adler, der Angst vorm Fliegen hatte, von einem listigen kleinen Eisvogel in einen Baumwipfel oben auf einem Berg hinaufgelockt worden. Und der Kerl im Fernseher verdrehte die Augen, um zu zeigen, wie schwindelerregend hoch oben er sich befand.

»Ich will ihn nicht. Der war für dich!«

»Dann mach damit, was du willst.«

Das hätte sie nicht sagen sollen! Jetzt breitete der Adler seine Flügel aus. Der Clown auf der Mattscheibe streckte seine Arme aus, er versuchte nämlich so zu tun, als wäre er ein Adler. Als er zu flattern begann, wie um die Tragfähigkeit der Flügel zu erproben, stand mein Vater schon vor der Kiste. Er hob sie auf und trug sie zum Fenster hinüber.

»Alfred!« sagte meine Mutter.

»Jetzt!« schrie der bärtige Adlerimitator und flatterte wie wild mit den Armen.

Da ließ mein Vater den Fernseher fallen. Ich sah den Vogelmann noch einmal zappeln, bevor der Stecker aus der Wand riß und der Apparat aufs Pflaster hinunter verschwand.

Dann wurde es still. Mein Vater blieb am Fenster stehen.

»Ich hätte es sowieso nicht ertragen, ihn hierzubehalten«, sagte er.

Meine Mutter sah ihn an, als wäre sie fast bereit, ihren rosa Kunstpelz abzuwerfen, sich aufs Sofa zu setzen und meinen Vater zu bitten, eine dieser langsamen Melodien zu spielen ›I can't stop loving you‹ oder ›Make the world go away‹. Doch dann zuckte sie die Schultern.

»Wir müssen jetzt gehen«, sagte sie nur. »Das Auto wartet. Komm lieber gleich mit, Lasse.«

Damit verschwand sie rückwärts zur Wohnungstür hinaus.

Einen Augenblick lang war es ganz still. Mein Vater und ich standen da und sahen uns an.

»Es wird wohl das beste sein, wenn du jetzt verduftest«, sagte mein Vater und versuchte ganz unberührt zu klingen, als ob ich rasch mal zum Laden hinunterwollte, um ein paar Liter Milch und Kuchenmix oder sonst was zu besorgen.

»Jaa«, sagte ich und versuchte ebenfalls unberührt zu klingen.

»Wir sehen uns ja bald«, sagte er.

»Klar«, sagte ich.

Dann fiel uns nichts mehr ein. Ich bewegte mich langsam auf die Tür zu. Vor der Tür stand eine Tasche mit ein paar Sachen, die ich mitnehmen wollte. Zuunterst befand sich Blackie Lawless. Ich hatte ihn in einen alten Schuhkarton gesteckt und eine Menge kleiner Löcher in den

Kartondeckel gepiekst, damit Blackie nicht erstickte. Futter hatte ich ihm auch hineingelegt, damit er sich ruhig verhielt. Bei der Tür drehte ich mich um.

»Du«, sagte ich.

»Jaa?«

»Ich wüßte gern . . .« sagte ich.

»Was?«

»Also, ob ich deine alte Mundharmonika haben könnte?«

»Klar.«

Er ging ins Schlafzimmer, holte sie und drückte sie mir in die Hand. Dann lehnte er seine stopplige Wange gegen mein stoppliges Haupt.

»Ich hab dich lieb«, sagte er.

»Ich weiß«, sagte ich.

So ließen wir die alte Welt hinter uns, wie von der Dunkelheit verschluckt.

Ich sah das schmutziggelbe Haus wie einen ausgebrannten Stern im Rückspiegel verschwinden und biß mir fest auf die Lippen, bis ich Blutgeschmack spürte. Der Taxifahrer ließ sich währenddessen darüber aus, daß es doch tatsächlich Verrückte gebe, die Fernsehapparate zum Fenster hinauswürfen, und meine Mutter tue gut daran, aus so einem Haus auszuziehen. Aber sie antwortete nicht. Sie und ich saßen schweigend nebeneinander, während das Auto durch den schwarzen Weltraum voller übriggebliebener Adventssterne fuhr, unterwegs zu diesem fremden Planeten, wo wir ab jetzt leben würden. Die ganze Zeit hatte ich das Gefühl, die Augen meines Vaters im Nacken zu haben.

Ich wünschte, daß ich ihm wenigstens den Grund hätte erklären können, warum ich nicht bleiben konnte. Aber dazu war ich selbst viel zu unsicher. Ich wußte nur, daß ich es nicht aushielt, ihn so zu sehen, wie er jetzt war. Er war immer groß und stark gewesen, als ob ihn nichts ernsthaft verletzen könnte. Aber jetzt hatte es ihn erwischt.

Nie im Leben würde ich mich so hereinlegen lassen wie er!

Das war der Grund.

Aber wie sollte ich das erklären? Mit Worten hatten wir nie besonders gut umgehen können. Wir hatten nur ein wenig zu grunzen und zu gurgeln brauchen, um uns zu verständigen, wie zwei Eisbären, die keine Worte benötigten.

Worte gab es nur, um andere damit hinters Licht zu führen.

Wenn es sie nur nicht gäbe!

Plötzlich fühlte ich mich schrecklich müde. Ich beugte mich über den Kunstpelz meiner Mutter, bohrte mein Gesicht in die weichen Fusseln und hoffte, daß meine zerkaute Unterlippe Blutspuren hinterlassen würde. Irgendwo da drin war also dieses Kind, das nicht von meinem Vater war und das mein Halbbruder oder meine Halbschwester werden würde, wenn es herauskäme.

Ich preßte mich fester an den Bauch meiner Mutter.

»Gurgeli-plupp-blubb-gug«, gurgelte ich zu dem Kind hin.

»Was hast du gesagt?« fragte meine Mutter.

»Göggel-bubub«, sagte ich.

Da spürte ich, wie meine Mutter mir mit der Hand über die Wange strich. Sie hat unglaublich weiche Hände, sie schmiert sie nämlich immer mit einer besonderen Hautcreme ein.

»Alles wird gut werden«, sagte sie. »Hast du gehört, Lasse? Wir werden es gut haben!«

Ganz leise sagte sie das, fast so, als ob sie mit sich selbst spräche.

»Duddeliplupp«, sagte ich mit meiner wortlosen Sprache.

»Er ist sehr lieb«, fuhr meine Mutter fort. »Hilding ist ein feiner Mensch. Das wirst du schon noch merken. Du mußt nur abwarten, dann wirst du's merken!«

»Bubbi-bötti-bött«, brummte ich; jetzt, nachdem ich erst

einmal in Fahrt gekommen war, konnte ich nicht mehr aufhören.

Ich sah, wie unser Raumpilot mich im Rückspiegel musterte.

»Der Junge ist wohl nicht ganz richtig im Kopf, was?« fragte er. »Der arme Kleine!«

»Nissi-nussi-bläblä«, grunzte ich und spürte plötzlich, wie bedauernswert ich war.

»Ein armer Kerl, aber ehrlich!« sagte der Taxifahrer.

»Bald sind wir da«, sagte meine Mutter.

»Bupp-bupp«, sagte ich.

Der Fahrer warf mir einen anteilnehmenden Blick zu. Dann wurde es still. Ich blieb liegen, wo ich war, mit dem Ohr am Bauch meiner Mutter und ihrer Hand auf meiner Wange. Mir war durchaus bewußt, daß es nicht gut werden würde. Ein einziges Fiasko würde es werden. Schon allein der Gedanke an diesen Hilding ließ meinen Magen rotieren. Ich hätte mich nicht damit begnügen sollen, ihn in den Bauch zu beißen. Ich hätte ihn ganz und gar verspeisen sollen!

Obwohl die Strecke zwischen unserer alten Wohnung und der Villa, in der Hilding wohnte, nicht besonders weit war, kam es mir vor, als würde die Fahrt eine Ewigkeit dauern. Schließlich hielt das Taxi doch an. Der Taxifahrer öffnete selbst die Hintertür und half mir heraus, als ob ich mich nicht selbst auf den Beinen halten könnte. Während meine Mutter ausstieg, stützte er mich, damit ich nicht im Schnee zusammensackte. Das war gar nicht unangenehm.

»Soll ich Ihnen behilflich sein, den Jungen hineinzubringen?« fragte er meine Mutter.

»Danke, das ist nicht nötig«, sagte meine Mutter.

»Der arme Kleine. Es gibt wirklich keine Gerechtigkeit auf der Welt...«

»Nein«, sagte ich, das fand ich nämlich auch.

»Was?« sagte er.

»Das stimmt«, sagte ich. »Das, was Sie da soeben über die Gerechtigkeit gesagt haben, meine ich.«
»Kann er denn sprechen?«
Er machte ein Gesicht, als hätte ihm jemand den Lack seines neuen Autos zerschrammt. Und ich konnte ihn verstehen. Es gibt nichts Schlimmeres, als sich hereingelegt zu fühlen.
»Blögg!« sagte ich, um ihn zu trösten.
Das machte ihn zufrieden. Meine Mutter hakte sich bei mir ein, und so trabten wir zusammen durchs Gartentor. Hilding erwartete uns schon! Er stand ganz oben auf der Treppe zwischen zwei dunkelgrauen Säulen, hatte sein Lederjackett an und lächelte, als hätte er sein Leben lang nichts anderes getan, als dort oben im Schneeregen zu stehen und darauf zu warten, uns bei sich aufnehmen zu dürfen – meine Mutter, mich und Blackie Lawless, mein geheimes Haustier.
»Willkommen!« rief er. »Willkommen daheim!«

»Wir beide werden schon noch Freunde werden«, hatte er gesagt.
Ich lag oben in meinem zukünftigen Zimmer. Die Mikkymausuhr hatte ich neben mich gestellt. Obwohl die Uhrzeiger erst auf acht zeigten, war ich bereits todmüde.
Ich lag auf dem Bett mit den Stahlrohrbeinen und sah mich um. Hilding schien eine besondere Schwäche für Stahlrohrbeine zu haben. In diesem Haus wimmelte es geradezu davon. Sowohl der Schreibtisch als auch der Schreibtischstuhl in meinem Zimmer hatten Stahlrohrbeine. Auf dem Schreibtisch stand ein Globus und leuchtete schwach vor sich hin, als wäre der alte Planet, den wir hinter uns gelassen hatten, ein paar Lichtjahre entfernt.
Hilding Torstensson hatte sich wirklich Mühe gegeben!
Er hatte kein Wort darüber verloren, daß ich ihn in den Bauch gebissen hatte. Und er hatte sich nicht darüber aufgeregt, daß ich kaum antwortete. Wahrscheinlich war er

daran gewöhnt. Er war Zahnarzt und unterhielt sich meistens mit den Leuten, die Speichelsauger und Bohrer im Mund hatten. Er bestand nicht einmal drauf, daß ich herunterkommen und mit meiner Mutter und ihm gesellig sein sollte.

»Wir unterhalten uns morgen«, hatte er gesagt.

Wahrscheinlich zog er es sowieso vor, am ersten Abend mit meiner Mutter allein zu sein.

Ich hatte ja Blackie Lawless.

Ich hatte ihn schon aus dem Schuhkarton ausgepackt, obwohl ich immer noch ein wenig Schiß vor ihm hatte. Er blinzelte ins Licht, als er herauskam, und sah genauso verloren aus, wie ich mich fühlte. Dann legte er sich auf meinem unruhigen Magen zurecht, und das war ein gutes Gefühl. Wenigstens war ich nicht allein.

Ich holte die Mundharmonika hervor, die ich von meinem Vater bekommen hatte, und spielte ein paar Töne. Es klang nicht besonders berückend. Aber ich hatte beschlossen, fleißig zu üben, also blies ich so lange weiter, bis Blackie unruhig wurde. Offensichtlich war er musikalisch. Im übrigen war ich sowieso zu müde, um weiterzuspielen.

»Gute Nacht«, sagte ich zu Blackie.

Er mußte vorläufig noch im Schuhkarton wohnen bleiben. Ich stellte ihn unters Bett. Dann wühlte ich mich unter die Decke und machte den Kassettenrecorder an. Ich hatte ein paar Schallplatten von meinem Vater aufgenommen. Es war ein eigenartiges Gefühl, sie hier zu hören.

Schließlich muß ich wohl eingeschlafen sein.

Ich träumte von einer endlosen Schneelandschaft, in der sich ein paar Eisbären bewegten. Es war Nacht, und der Mond schien mit kaltem Licht, wie einer dieser Scheinwerfer auf dem Sportplatz. Ich stand daneben und sah den Eisbären zu. Sie tanzten, und von irgendwoher kam das Elvislied ›Got a lot o'living to do‹. Und ich wußte, daß einer der Bären mein Vater war. Er hatte nämlich einen leuchtendroten Lippenstiftabdruck auf der

Stirn. Plötzlich hob er die Schnauze und lächelte mit traurigen Augen.

»Ich komme!« rief ich.

Doch da wachte ich auf und erinnerte mich daran, daß ich in Hilding Torstenssons Haus war. Und obwohl ich nach einiger Zeit wieder einschlief, kehrten die Bären nicht mehr zurück.

5

Als ich die Schritte die Treppe heraufkommen hörte, war es schon zu spät.

Ich würde es nicht mehr rechtzeitig schaffen, Blackie zu verstecken.

Als ich aufgewacht war, hatte ich ihn aus dem Karton geholt. Er tat mir leid. Ich wußte selbst, wie das war, an einem fremden Ort aufzuwachen, wo einem nichts vertraut war.

»Armer Blackie«, flüsterte ich in eines seiner Tütenohren.

Ich setzte ihn vor mich auf die Decke.

Aber er wirkte überhaupt nicht traurig.

Mir selbst wurde auch gleich leichter zumute, als ich seine Pfoten auf der Decke spürte. Er drehte den Kopf hin und her und sah sich mit vibrierenden Barthaaren um.

Die weißen Vorhänge interessierten ihn sehr. Am liebsten wäre er wohl an ihnen hochgeklettert, um dann über die glänzende Gardinenstange zu balancieren. Dann musterte er den Stahlrohrsessel in der Ecke, als bereite ihm die bloße Vorstellung, wie er seine Nagezähne in die blauen Polster bohren würde, großen Genuß.

Ich fühlte mich hier nicht zu Hause. Es war, wie wenn man in einem der Ausstellungsräume von IKEA leben müßte.

»Ein Glück, daß du da bist«, sagte ich und kraulte ihn am Bauch, wo sein Fell heller war. In diesem Augenblick hörte ich die Schritte.

Es waren rasche Schritte. Und ich hatte das deutliche Gefühl, daß sie auf mein Zimmer zukamen und daß der Besitzer der Füße, die diese Schritte erzeugten, es bestimmt nicht schätzen würde, daß ich im Bett saß und mit einer braunen Ratte schmuste!

»Jetzt machst du am besten ganz schnell eine Fliege!« flüsterte ich. »Hier herein! Und daß du dich ruhig verhältst! Hast du verstanden?«

Ich steckte Blackie unter die Decke und zog sie mir fest um den Leib, damit er nicht irgendwo durch einen Spalt wieder auftauchte. Im selben Augenblick, als die Tür aufging, kletterte er zu meinen Füßen hinunter.

»Guten Morgen!« sagte Hilding Torstensson. »Ich wollte nur feststellen, ob du noch lebst.«

Er lächelte mit seinen makellosen Zahnarztzähnen und balancierte ein Frühstückstablett auf der einen Hand.

»Ja«, sagte ich und versuchte gleichfalls zu lächeln.

Während Torstensson sich umsah, um etwas zu finden, worauf er das Tablett stellen könnte, sah ich, wie Blackie wie ein Maulwurf unter der Decke umherwühlte.

»Ich habe dir Frühstück gebracht«, sagte er.

»Danke«, sagte ich und versuchte verschlafen auszusehen. »Stell es doch einfach auf den Schreibtisch.«

Ich fürchtete, daß er Blackie mit dem schweren Tablett zerdrücken könnte, daher zog ich die Knie an, damit die Decke eine Art Zelt bildete. Blackie wuselte vergnügt in der warmen Dunkelheit hin und her und hielt das Ganze vermutlich für eine Art von neuem Spiel. Hoffentlich kam ihm dabei nicht die Idee, mich irgendwo zu beißen.

Torstensson hatte das Tablett neben den Globus gestellt. Ich bedankte mich noch einmal, in der Hoffnung, daß er dann gehen würde. Doch das hatte er offensichtlich nicht vor.

Er sank auf die Bettkante und legte mir eine seiner molligen kleinen Hände auf die Schulter. Und ich dachte daran, wie diese Hand mich am Nacken gepackt hatte, als wir uns zum erstenmal begegnet waren. Jetzt tätschelte sie mich leicht. Das war auch nicht besonders angenehm.

Ich versuchte mich wegzudrehen. Doch da wurde Blackie unruhig.

»Na, Lasse, wie geht's denn so?« fragte Torstensson.

»Gut«, sagte ich und kniff den Mund zu.

Ich wünschte mir nur eines, und zwar, ihn so rasch wie möglich von hinten zu sehen. Dann könnte ich Blackie etwas von meinem Frühstück abgeben und vielleicht ein paar Elvismelodien spielen. Aber Torstensson rückte nur noch näher an mich heran.

»Tatsächlich?« sagte er und klang ungefähr wie der Schulpsychologe. »Ich dachte, daß es doch ziemlich anstrengend für dich sein muß.«

Ich sagte nichts, atmete nur den Geruch seines Rasierwassers ein. Wenn er so weitermachte, würde ich jeden Augenblick losheulen.

Blackie fand auch, daß es zu lange dauerte. Er begann an meinem Bauch hochzuklettern. Meine Schlafanzugjacke war viel zu kurz. Jetzt spürte ich, wie er meinen Nabel beschnupperte. Und dann entdeckte er ausgerechnet die eine Stelle, wo die Rippen anfangen und wo ich so entsetzlich kitzelig bin.

Ich gab mir große Mühe, nichts zu zeigen.

»Na, was meinst du?« sagte Torstensson und musterte mich mit einem Blick, den er wohl an jenen Patienten geübt hatte, die einer Wurzelbehandlung entgegensahen.

Da konnte ich mich nicht länger beherrschen. Mein Mund verzog sich zu einem dämlichen Lächeln, und ich fühlte das Kichern trotz meiner fest aufeinandergepreßten Zähne in mir hochsteigen.

»Besonders niedergeschlagen siehst du auf jeden Fall nicht aus«, stellte Torstensson fest. »Ich war darauf vorbereitet, daß du mich vielleicht ablehnen würdest. Das wäre nicht allzu verwunderlich.«

Ich hörte kaum, was er sagte. Mein eigenes unnatürliches Lachen hallte mir in den Ohren. Ich versuchte fieberhaft, Blackies Schnauze wegzuschieben. Aber ihm schien das Spaß zu machen.

Und Torstensson schien das Ganze ebenfalls Spaß zu machen. Er brach in ein glucksendes Gelächter aus.

»Ooooh!« stöhnte ich.

»Ooooh!« kicherte Torstensson. »Ist das komisch! Ich glaube, wir haben uns gleich auf Anhieb verstanden, was?«

So kicherten und lachten wir zusammen, bis uns die Tränen herabströmten. Schließlich beruhigte Torstensson sich ein wenig.

»Wir unterhalten uns später noch ausführlicher«, sagte er.

»Jetzt muß ich hinunter und einiges für heute abend vorbereiten. Ich habe ein paar Freunde eingeladen.«

Zum Abschied klopfte er mir noch ein paarmal auf die Schulter.

»Hier oben gibt's ein Badezimmer«, sagte er in der Türöffnung und schnupperte in der Luft. »Falls du Lust haben solltest zu duschen!«

Ich nahm das Bettuch und schleppte es ins Badezimmer.

Blackie hatte es naß gemacht. Vermutlich war er nervös geworden, weil er so lange unter der Decke bleiben mußte. Kein Wunder. Torstensson hatte natürlich angenommen, ich sei derjenige, der den Gestank verströmte.

Ich zog den blaugepunkteten Plastikvorhang vor der Badewanne weg, um das Leintuch auszuspülen. Da blickte jemand mit schmalen grünen Augen zu mir hoch.

In der Badewanne saß ein nacktes Mädchen.

»Hallo«, sagte ich, fummelte an dem Leintuch herum und fühlte mich echt beknackt.

Sie schüttelte sich das Wasser aus dem Haar, das in trokkenem Zustand vermutlich rot war. Jetzt sah es fast schwarz aus. Sie schien auch nicht zu wissen, was sie sagen sollte.

»Was machst du hier?« fragte sie schließlich.

»Ich wohne hier«, sagte ich. »Und du?«

Das klang wie aus einem dieser Sprachkurse, die Asp uns im Englischunterricht vorzuspielen pflegte, nur eben auf schwedisch.

»Ich auch«, sagte sie.

»Kennst du diesen bescheuerten Zahnarzt?«

»Das ist mein Vater«, sagte sie.

Obwohl ich natürlich schon längst hätte verduften sollen, schaffte ich es irgendwie nicht.

Es war, als wären meine Füße am Boden festzementiert. Daß ich außer Torstensson auch noch eine Stiefschwester als Draufgabe erhalten würde, hatte mir niemand erzählt!

Und jetzt erkannte ich sie allmählich. Sie ging in dieselbe Schule wie ich, nur ein paar Klassen höher. Ich hatte sie schon auf dem Schulhof gesehen. Allerdings war sie da nicht so naß gewesen und hatte Kleider angehabt.

»Mußt du mich unbedingt so anstarren?« fauchte sie.

»Was denn?« sagte ich verblüfft.

»Mußt du meinen Busen so anstarren?«

»Das tu ich doch gar nicht!« protestierte ich, obwohl ich es nicht lassen konnte hinzuschauen. Ihr Busen lag auf der Wasseroberfläche und schaukelte auf und ab. Mit Mädchenbusen hatte ich noch keine große Erfahrung.

»Das tust du freilich«, sagte sie.

»Der ist mir doch scheißegal«, sagte ich.

Da drehte sie die Dusche auf.

Das eisige Wasser traf mich mit unerwarteter Kraft mitten ins Gesicht. Ich taumelte rückwärts auf die Tür zu und fühlte, wie mein Schlafanzug klatschnaß wurde, obwohl ich mich mit dem Leintuch zu schützen versuchte.

»Hör auf!« brüllte ich, warf das Bettuch auf den Boden und lief davon.

»Warte nur!« rief meine nackte Stiefschwester hinter mir her. »Du wirst es noch bereuen, daß du dieses Haus überhaupt betreten hast, du Pißratte!«
Das tat ich jetzt schon.

Als ich hinunterkam, steckte Torstensson mitten in den Vorbereitungen für die abendliche Einladung. Meine Mutter schenkte mir ein schwarzbezahntes Lächeln. Torstensson hatte ihr wohl erzählt, wie fröhlich wir zusammen gewesen waren. Und meine Mutter hatte wohl gesagt, sie habe von Anfang an gewußt, daß wir uns gern haben würden.

Ich floh vor ihren liebevollen Blicken. Tränen stiegen mir in die Augen, als ich sie und Torstensson so nebeneinander stehen, Zwiebel schneiden und lachen sah. Es war lange her, daß ich meine Mutter so hatte lachen hören.

Ich wanderte eine Weile durchs Haus. Genausogut hätte ich durch ein Einrichtungshaus voller frisch abgestaubter Sachen gehen können. Jederzeit hätte ein Verkäufer auftauchen und sagen können, daß man die Ausstellungsgegenstände nicht berühren dürfe. Und obwohl das Haus so riesig war, hatte ich doch das Gefühl zu ersticken.

Nach einiger Zeit kam das Mädchen aus dem Badezimmer mit frischgeföhnten Haaren herunter und drückte Torstensson einen Kuß auf die Backe. Das beobachtete ich in einem der vielen Spiegel. Torstensson schien ein Spiegelfan zu sein. Allerdings konnte ich mir beim besten Willen nicht vorstellen, warum.

»Lasse!« rief er. »Bestimmt kennst du Lollo noch nicht?«

»Doch«, rief ich zurück, so daß sich das Spiegelglas beschlug.

»Gut«, sagte Torstensson. »Ich bin überzeugt, daß ihr euch prima verstehen werdet. Ihr seid ja beinahe gleichaltrig.«

»Sicher«, sagte ich.

»Ganz prima!« sagte Lollo.

Ich verzog mich hinter eine der Pflanzen, die in riesigen Blumentöpfen auf dem Boden standen. Und Lollo setzte sich ans Klavier. Sie hatte unglaublich flinke Finger. Noch flinker als die der Frauen, die im Supermarkt an den Kassen saßen. Als sie loslegte, klang es fast wie in einer dieser Musiksendungen im Radio. Von mir aus hätte sie ewig so weiterspielen können. Ich blieb hinterm Busch stehen und hörte zu, bis meine Mutter mich rief.

»Würdest du mal kurz zum Laden hinunterlaufen und ein paar Tomaten besorgen?« fragte sie.

Nichts lieber als das.

Es war derselbe Supermarkt, in dem wir früher eingekauft hatten, wenn wir etwas brauchten, was es nicht im Konsum quer über der Straße gab. Hier fühlte ich mich daheim.

Ich schlenderte an den Regalen und Theken entlang und atmete den Duft nach Brot, Obst und nassen Pelzmänteln, nach Grillhähnchen, Käse und Fisch ein.

Von der Decke herab dröhnte Musik aus den Lautsprechern. Ich erinnerte mich an all die Male, als Pucko, Danne und ich die Schule geschwänzt und uns hier herumgetrieben hatten. Wir waren auf dem Rollband im Untergeschoß um die Wette gefahren, hatten heimlich Comics und Playboy gelesen und die Wagen unaufmerksamer Kunden mit Waren gefüllt, die sie nie im Leben selbst hineingetan hätten.

Ich wanderte noch ziemlich lang im Supermarkt umher, bis ich endlich ein paar überreife Tomaten aussuchte und mich ans Ende der Schlange vor der Kasse stellte. An der Kasse saß die kraushaarige Kassiererin mit den dicken Lippen. Sie war die langsamste von allen.

Ich wollte ihr gerade meine Tomaten hinreichen, als ich spürte, wie mich jemand an der Jeansjacke packte.

»Wenn das nicht der Kleine ist!« hörte ich jemand hinter mir sagen. »Bist du etwa ganz allein beim Einkaufen?«

Als ich mich umdrehte, starrte ich in das freundliche Gesicht des Taxifahrers.

»Daddeli-gnubb-blä«, antwortete ich nickend.

»Ich werde dir helfen, mein Junge«, sagte er. »Zuerst bezahlen wir, dann fahre ich dich nach Hause!«

»Geldigeldi, brumm-brumm«, sagte ich; das machte ihn glücklich.

»Genau!« dröhnte er, als ob ich ein Genie wäre. »Geldigeldi, brumm-brumm!«

Inzwischen begannen sich die Leute ringsum nach uns umzudrehen. Das war mir schnuppe. Ich hatte mich schon lange nicht mehr so wohl gefühlt. Der Taxifahrer angelte meine Brieftasche aus meiner Jeanshintertasche und schickte sich an zu bezahlen.

»Tomaten sind was Feines«, sagte er. »Nammi-nammi . . .«

»Wie bitte?« fragte die Kassiererin mit den vollen Lippen.

»Nammi-nammi«, sagte der Fahrer und zeigte auf die Tüte mit den Tomaten, die auf der Waage lag.

»Guti-guti«, fügte ich hinzu und schielte ein wenig.

Als ich wieder normal schaute, sah ich Tina mit großen Augen an der Nachbarkasse stehen. Ich fühlte mich wie der absolute Weltrekordidiot! Ich sah auf die Tomaten und spürte, daß meine Wangen wie bei einem Chamäleon die gleiche Farbe annahmen.

»Sieben siebzig«, sagte die Kassiererin mit den dicken Lippen.

»Pssst!« machte ich zu Tina hinüber.

Inzwischen hatte der Fahrer bezahlt. Er schob mir die Brieftasche wieder in die Jeans und nahm mich am Arm.

»So«, sagte er. »Jetzt geht's zu meiner Klapperkutsche hinaus, brumm-brumm machen.«

Tina mußte mir angesehen haben, wie dämlich ich mich fühlte. Bevor ich verschwand, winkte sie mir kurz zu.

»Guckuck, dada«, sagte sie. »Bis bald.«

Auf der ganzen Heimfahrt vorn im Taxi sah ich ihr Gesicht vor mir. Doch als wir ankamen, sah ich statt dessen Lollos Gesicht an einem Fenster im Obergeschoß. Sie hielt es offensichtlich für übertrieben, für den Transport von ein paar Tomaten ein Taxi zu nehmen.

»Schaffst du es jetzt allein?« fragte der Taxifahrer.

Ich nickte.

Doch das war gar nicht so einfach.

Der erste Tag in meinem neuen Leben war noch nicht zu Ende. Die Willkommensfeier mußte noch überstanden werden. Meine Mutter hatte mir gesagt, daß ich mich zusammennehmen solle.

Sie hatte ein neues Kleid an – essiggurkenfarben und so eng, daß man sehen konnte, daß noch nichts zu sehen war.

»Ich versprech's dir«, sagte ich. »Ich werde musterhaft sein.«

Am liebsten wäre ich in meinem Zimmer geblieben. Das wäre am sichersten gewesen. Doch das ging nicht. Hilding wollte mich unbedingt vorführen.

»Hier sind sie«, sagte er stolz und streckte den Arm nach uns aus, als die Gäste kamen.

Und die Gäste beguckten uns und begrüßten uns. Am meisten beguckten sie meine Haare und meinen Elvispulli, den ich früher einmal von meinem Vater bekommen hatte. Weder meiner Mutter noch Hilding gefiel er besonders gut. Aber sie sagten nichts. Sie lächelten nur. Und Elvis lächelte zurück.

Ich begann allmählich zu glauben, daß ich es schaffen würde. Nach dem Essen würde ich dann zu Blackie Lawless hinauf verschwinden, dachte ich.

Da kamen die letzten Gäste.

Zuerst sah ich nur die Frau. Sie sah aus wie eine russische Diskuswerferin in einem unförmigen Pelzmantel. Der Mann war verdeckt. Aber ich erkannte seine Stimme. Die hatte ich schon oft gehört.

»Nun, und wo haben wir die neuen Familienmitglieder?« fragte die Stimme.

Da klopfte Torstensson dem Gast auf die Schulter und führte ihn zu uns her.

»Lasse!« sagte der Gast.

»Kennst du Lasse schon?« fragte Hilding.

»Und ob«, sagte der Rektor. »Und ob!«

Der Rektor und Torstensson waren alte Jugendfreunde. Sie gingen Seite an Seite im Wohnzimmer auf und ab und unterhielten sich flüsternd. Der Rektor schüttelte den Kopf und sah bekümmert aus. Vermutlich sprachen sie über mich. Der Rektor hatte viel zu erzählen.

Ich glaube kaum, daß meine Mutter Torstensson erzählt hatte, was für ein miserabler Schüler ich war, wenn ich mich ausnahmsweise einmal in der Schule aufhielt. Wahrscheinlich holte der Rektor das gerade nach.

»Nur damit du klarsiehst«, hörte ich ihn sagen, als wir uns an den Eßtisch setzten.

Ich spießte ein Stückchen Fleisch auf meine Gabel und begann dann wie wild darauf herumzukauen, um mich zu beruhigen.

»Du kannst von mir aus glauben, was du willst«, sagte Torstensson zum Rektor. »Aber Lasse ist in Ordnung. Er hat bisher nur ein schweres Leben gehabt. Aus dem Jungen wird noch was ganz Besonderes!«

Sein Lächeln hatte nichts von seinem Strahlen eingebüßt. Ich konnte es kaum glauben.

»Warten wir's ab«, sagte der Rektor. »Warten wir's ab.«

Inzwischen war das Stück Fleisch zu einem faserigen Klumpen geworden. Jetzt rutschte es hinunter und blieb mir im Hals stecken. Ich schnappte nach Luft. Ich konnte nicht sitzen bleiben, sondern lief in die Küche hinaus. Bei jedem Atemversuch ertönte ein Pfiff in meinem Hals.

»Warte«, sagte Lollo. »Ich helfe dir.«

Sie schlang von hinten die Arme um mich und preßte

meinen Brustkasten zusammen. Als sie zudrückte, kam das Stück Fleisch wieder hochgeschossen.

»So!« sagte sie.

Sie hatte immer noch die Arme um mich gelegt, während ich wie wild keuchte. Der Geruch nach ihren frischgewaschenen Haaren und ihrem Parfüm drang mir in die Nase und machte mich ganz verwirrt.

»Ich muß was trinken«, sagte ich.

»Ich bring dir was«, sagte sie.

Sie schenkte mir ein Glas ein und reichte es mir. Es schmeckte kühl und wohltuend. Die Bläschen kitzelten beim Trinken im Hals.

»Trink noch einen Schluck«, forderte sie mich auf. »Das ist gut für deinen Hals.«

Und das spürte ich selbst. Nach und nach lösten sich der Krampf und der Schmerz. Lollo stand neben mir. Sie beobachtete mich beim Trinken, und ihre Augen sahen gar nicht mehr so boshaft aus. Ja, sie lächelte fast so schön wie Elvis auf meinem Pulli.

»Jetzt gehen wir zu den anderen«, sagte sie schließlich.

»Die fragen sich bestimmt schon, was wir hier treiben.«

»Mmmm«, sagte ich.

Sie hatte sich bei mir untergehakt, als wir ins Eßzimmer zurückkamen. Und die Erwachsenen lächelten uns an, als hätten sie noch nie so was Niedliches gesehen.

»Na, wie geht's?« fragte Hilding Torstensson.

»Gut«, sagte ich. »Absolut Spitze, danke.«

Erst später, als wir fertig gegessen hatten und ins Wohnzimmer gegangen waren, begann ich mich komisch zu fühlen. Die Lichter im Kronleuchter schienen zu tanzen. Das Zimmer drehte sich im Kreis, der Boden ging im Wellengang. Ich mußte mich an die Wand lehnen, um nicht umzufallen. Meinem Magen ging es auch nicht gut. Die ganze Zeit waren Lollos grüne Augen auf mich gerichtet.

Ich steuerte auf die Treppe zu, um in mein Zimmer hinaufzukommen, doch statt dessen taumelte ich in einen von Torstenssons Büschen hinein.

»Der Junge ist ja betrunken!« sagte der Rektor.

Sein empörtes Gesicht schwebte irgendwo über mir.

»In der Küche hat er fast eine ganze Flasche ausgetrunken«, sagte Lollo. »Obwohl ich ihn daran zu hindern versuchte!«

Ich bekam eine Stinkwut. Was hatte sie mir da in der Küche eingeflößt? Sie lehnte am Klavier, und ich wollte zu ihr hinüber, um ihr die Meinung zu sagen. Aber meine Beine schwankten mit mir in eine andere Richtung davon, direkt in die warmen, muskulösen Arme der Diskuswerferin.

»Komm«, sagte sie sanft und schleppte mich zum Ledersofa. Dort mußte ich mich hinlegen. Alle kamen her und guckten. Obwohl sich das Zimmer im Kreis drehte, sah ich dennoch, daß meine Mutter den Tränen nahe war. Und ich selbst hätte auch fast losgeheult. Was hatten wir hier bei all diesen Menschen verloren?

Ich schloß die Augen und hoffte, daß der ganze Spuk verschwinden würde.

»Papa«, flüsterte ich in die Dunkelheit. »Mir geht's nicht gut.«

Ich hoffte, sein Bärengesicht zu erblicken, als ich die Augen wieder aufschlug. Ich wollte, daß er neben mir stand und mir seine kühle Hand auf die Stirn legte; das hatte er sonst immer getan, wenn mir schlecht war.

Aber er war nicht da.

Torstensson und der Rektor standen zu meinen Füßen. Mit bekümmerten Mienen musterten sie meine Strümpfe. An der einen großen Zehe hatte ich ein Loch.

Ich sah mich hilfesuchend nach meiner Mutter um. Aber sie war in dem schwankenden Haus verschwunden. Vielleicht war sie in die Nacht hinausgelaufen, das hatte sie früher ab und zu getan, wenn sie meinen Vater nicht mehr ertragen konnte. Warum blieb sie nicht bei mir?

Ich schluckte und schluckte, um zu verhindern, daß das,

was Lollo mir eingeflößt hatte, wieder heraufkam. Lollo stand immer noch am Klavier und schielte herüber. Als sie merkte, daß ich sie ansah, grinste sie, als ob sie den Einfall des Jahrhunderts gehabt hätte. Sie war eine echte Pest!

Ich schloß die Augen und hatte nicht vor, sie wieder zu öffnen. Ich würde hier liegenbleiben, bis das Gemurmel im Zimmer verstummt war, bis die Lichter gelöscht und alle nach Hause gegangen waren. Ich versuchte, still und friedlich zu atmen, als ob ich schliefe.

In der Dunkelheit hörte ich die Stimmen von Torstensson und dem Rektor.

»Ach ja«, seufzte der Rektor. »Du ahnst nicht, was du da auf dich genommen hast.«

»Unsinn«, sagte Torstensson. »Der ist bald wieder auf den Beinen.«

»Und dann?« fragte der Rektor. »Mit diesem Jungen im Haus wirst du keine ruhige Minute mehr haben. Das kann ich dir garantieren.«

»Ich werde mich um ihn kümmern«, sagte Torstensson. »Ich werde beweisen, daß er ein ganz anderer Junge werden kann als der, der hier auf dem Sofa liegt.«

»Und wie willst du das anstellen?« fragte der Rektor.

»Das weiß ich noch nicht«, antwortete Torstensson. »Aber ich wette, daß er innerhalb von vier Monaten ein richtiger Musterschüler sein wird, einer der Besten in der Klasse.«

»Also gut«, sagte der Rektor. »Aber du wirst die Wette verlieren.«

»Mal abwarten«, sagte Torstensson.

Welch ein Preis auf meinen Kopf gesetzt wurde, erfuhr ich nie. Meine Mutter kam nämlich vorher zurück. Sie brachte ein nasses Handtuch mit und wischte mir damit das Gesicht ab. Dann half sie mir die Treppe hinauf, in mein Zimmer.

»Wozu sollte das nun wieder gut sein?« fragte sie, als ich endlich im Stahlrohrbett lag.

»Das war nicht ich«, sagte ich.

Aber sie glaubte mir wohl nicht. Sie deckte mich energisch zu, als wäre ich einer ihrer Patienten im Krankenhaus. Aber bevor sie ging, drückte sie mir doch noch einen Kuß auf die Stirn.

»Ich will nicht hierbleiben«, sagte ich.

»Sei schön still«, sagte sie. »Und versuch jetzt zu schlafen.«

Doch das ging nicht. Ich lag wach, sah auf die Decke hinauf und wartete darauf, daß die Welt anhalten würde. Unter mir hörte ich, wie Blackie sich in seiner Schachtel hin und her bewegte. Ich schaltete den Kassettenrecorder ein und ließ Elvis singen.

›Funny, how time slips away‹ sang er, während die Zeit verstrich . . .

6

Nie im Leben würde ich ein herziges kleines Musterschülerlein werden!

Das hatte ich sofort beschlossen, als ich am Tag nach dem fürchterlichen Fest mit hämmerndem Schädel aufwachte.

Da hatte ich allerdings keine Ahnung von dem, was mich erwartete!

Wenn es darum geht, Dinge zu tun, die ich nicht tun will, bin ich einfach unschlagbar. Schon ein paar Tage später saß ich am Couchtisch, Torstenssons Arm ruhte auf meinen Schultern, und die glänzende Tischfläche war voller Schulbücher, für die ich mich nie interessiert hatte. Während draußen vor den Fenstern der Schnee herabrieselte, beantwortete ich sämtliche Fragen, die Torstensson stellte, falsch. Aber er gluckste nur, als wäre das alles wahnsinnig komisch. Er dachte nicht daran, so einfach aufzugeben.

Lollo hielt sich die ganze Zeit in der Nähe auf. Sie wollte keine einzige meiner idiotischen Antworten versäumen. Es machte mich nervös, ihre grünen Augen im Nacken zu spüren und sie bei jeder dämlichen Äußerung meinerseits kichern zu hören.

Ich hatte wirklich von nichts eine Ahnung.

Aber trotzdem paßte es mir nicht, daß Lollo über mich lachte.

»Glaubst du tatsächlich, daß du ihm etwas beibringen kannst?« sagte sie. »Er ist doch geistig völlig weggetreten!«

Das ärgerte mich so sehr, daß ich begann, mir die allergrößte Mühe zu geben. Doch das half auch nichts. Je mehr ich mich anstrengte, desto verdrehter fühlte ich mich. Als ich zu lesen versuchte, hüpften die Buchstaben und Zahlen auf dem Papier wild durcheinander. Ich rieb mir die Augen, um das Gehüpfe zum Stillstand zu bringen.

»Was ist?« fragte Torstensson.

»Nichts«, sagte ich. »Nur meine Augen.«

Auf diese Weise entdeckte er, daß ich einen Sehfehler hatte. Er lotste mich zu einem Optiker, wo meine Augen auf alle erdenkliche Arten getestet wurden.

Doch da war Lollo schon verschwunden.

Sie war für den Rest der Weihnachtsferien zu ihrer Mutter gereist. Ich hatte Torstensson klargemacht, daß ich nicht vorhätte, vor den Schulbüchern zu sitzen und seine Fragen zu beantworten, solange Lollo im Zimmer sei. Das wirkte. Er sagte ihr ordentlich die Meinung, worauf sie einfach ein paar Sachen in eine Tasche stopfte und davonfuhr, zu ihrer Mutter.

So kam es, daß Torstensson und ich miteinander allein waren, während meine Mutter im Krankenhaus bei der Arbeit war. Ich gewöhnte mich an sein Rückenklopfen, ich gewöhnte mich an die Stunden am Couchtisch und an mein neues Zuhause. Wenn es darum geht, sich an Sachen zu gewöhnen, bin ich Weltmeister. Und die ganze Zeit bemühte ich mich, nicht an das zu denken, woran ich nicht denken wollte.

»Jetzt ist nur noch die Feinarbeit übrig. Gut, was?«
»Aaauk«, jammerte ich.
»Du mußt lernen, dich anständig auszudrücken«, sagte Torstensson. »Das wichtigste ist immer noch die Sprache.«
Er klang wie unsere Schulbibliothekarin, die immer wieder Berge von unleserlichen Büchern anschleppte und von der Sprache redete, als sei sie davon überzeugt, daß wir alle kein Schwedisch konnten!
»Aaaoooeh!« protestierte ich.
Torstensson im grünen Zahnarztkittel beugte sich unternehmungslustig über mich. Die Morgensonne strömte durch die dünnen weißen Baumwollvorhänge, die meine Mutter gebügelt hatte, und spiegelte sich in den Glasschränken mit den Folterinstrumenten. Ich saß da und sperrte den Mund auf, während der Speichelsauger in meinem Mundwinkel still vor sich hinschlürfte. Ab und zu saugte er sich an der Wange fest.
»Wir haben noch viel zu tun«, sagte Torstensson. »Aber das wird bestimmt hinhauen. In den letzten Tagen hast du wirklich losgelegt!«
»Uömm«, stimmte ich zu.
Das hatte ich tatsächlich. Diese Bemerkung von Lollo, daß ich geistig weggetreten sei, hatte mich irgendwie angekurbelt. Ich wollte es ihr zeigen! Und in meinem Kopf tauchten all die Leute auf, die mich im Laufe meines Lebens für eine Supernull gehalten hatten. Das waren viele. Aber früher hatte ich mir nichts daraus gemacht. Da hatte ich meinen Vater gehabt. Jetzt wollte ich es ihnen zeigen, daß mein Vater und ich genauso gut und genauso tüchtig waren wie alle anderen.
»Du kannst jetzt ausspülen«, sagte Torstensson.
Ich spuckte eine Menge Steinchen aus. Torstensson

hatte mir lange und gründlich den Zahnstein abgekratzt. Als ich das Wasserglas geleert hatte, zog er den Bohrer heraus. Er hatte ein kleines Gummirädchen daran befestigt, das jetzt über die Zähne hüpfte und nach Pfefferminz schmeckte.

»So«, sagte Torstensson. »Das wäre überstanden.«

Er hängte den Bohrer wieder in sein Gestell und schaltete die Lampe aus. Ich fuhr mir mit der Zunge über die Zähne. Meine Zunge hatte das Gefühl, sich in einen fremden Mund verirrt zu haben. Alles war glatt und eben.

Wie hatte er das nur zustande gebracht? Meiner Mutter hatte er den schwarzen Zahn gezogen, den mein Vater so liebte, und ihr dafür einen weißen Porzellanzahn eingesetzt. Ihr ganz spezielles Engelslächeln war damit für immer dahin.

»Jetzt fahren wir in die Stadt«, erklärte Torstensson. »Dann wirst du die Welt mit neuen Augen sehen!«

»Ja«, sagte ich und lächelte strahlend mit meinen Pfefferminzzähnen.

Die U-Bahn ratterte quietschend in Richtung Stadt. Kinder hatten die Fenster mit Schneebällen beworfen, das hatten Pucko, Danne und ich früher auch oft getan. Ich schaute zwischen den Schneebatzen hindurch auf die Flocken, die draußen auf die verschneiten Dächer fielen. Wir fuhren am Enskedegård vorbei und am Schlachthof, wo mein Vater arbeitete. Aber heute war Samstag, also war er nicht da.

Ich sah das Gebäude an und wußte, daß ich es so nie wieder sehen würde.

Wir waren unterwegs, um die Brille abzuholen, die ich anprobiert hatte.

»Ich kann es einfach nicht fassen«, sagte Torstensson.

»Was?« fragte ich.

»Daß niemand es entdeckt hat!« sagte Torstensson.

»Was?« fragte ich.

»Deinen Sehfehler! Das ist ja ein Skandal!« sagte Torstensson so laut, als vermutete er, daß ich auch einen Hörfehler hatte.

»Ach was«, sagte ich.

»Kein Wunder, daß du da Schwierigkeiten gehabt hast«, sagte Torstensson.

Wie immer, wenn er daran dachte, wie schwer ich es gehabt hatte, bekam er einen feuchten Blick. Ich tat ihm aufrichtig leid. Und mir war klar, daß an allem mein Vater schuld gewesen war.

»Armer Kleiner«, sagte er. »Aber irgend jemand hätte es doch merken müssen!«

Anfangs hatte ich gar nicht kapiert, wovon er überhaupt redete, als er davon anfing, daß mit meinen Augen etwas nicht in Ordnung sei. Ich hatte geglaubt, daß die Buchstaben und Zahlen bei allen Menschen so umherhüpften, ähnlich wie das Bild auf unserem alten Schwarzweißfernseher.

»Sind in der Schule denn keine Sehtests gemacht worden?« fuhr er fort.

»Weiß ich nicht mehr«, behauptete ich, obwohl ich mich sehr gut daran erinnern konnte, wie ich mich hindurchgemogelt hatte.

Torstensson musterte mich nachdenklich.

»Wir werden dir auch ein paar andere Kleider besorgen müssen«, sagte er. »Wenn wir schon einmal in der Stadt sind.«

»Das ist nicht nötig«, sagte ich.

»Doch, das ist es«, sagte Torstensson. »Aber zuerst gehen wir zum Optiker.«

Der Optiker war ein bärtiger Typ mit Kugelbauch, Locken und weißem Kittel. Er trat einen Schritt zurück und hätte fast ein Gestell voller Brillen umgeworfen. Dann legte er den Kopf schief.

»Naa?« sagte er. »Wie fühlst du dich damit?«

Es war der pure Schock!

Die Haare in der Nase des Optikers wuchsen mir mit unglaublicher Schärfe entgegen.

Und als ich mich zu Torstensson umdrehte, sträubten sich seine Bartstoppeln vor meinen Augen. Alles kam näher gekrochen, wurde scharf und sah bedrohlich deutlich aus. Ich selbst auch. Als ich mich im Spiegel anschaute, sah das Spiegelbild echter aus, als ich mich selbst fühlte.

»Merkst du einen Unterschied?« wollte Torstensson wissen.

»Ein bißchen«, sagte ich.

Ich blieb vor meinem Spiegelbild stehen, während Torstensson bezahlte. Ich hörte, wie er sich mit dem Kugelbauch unterhielt, und dachte darüber nach, wie sehr eine Brille das Aussehen verändern kann.

»Könnten Sie ihm nicht auch noch ein Attest schreiben?« fragte Torstensson.

»Was denn für ein Attest?« fragte der Optiker.

»Für die Schule«, sagte Torstensson. »Daß er weit vorn im Klassenzimmer sitzen muß. Wegen der Augen.«

»Das dürfte jetzt nicht mehr nötig sein«, erklärte der Optiker lächelnd.

»Es kann aber nichts schaden«, meinte Torstensson.

Und er bekam sein Attest.

Dann waren die Kleider an der Reihe!

Auf der Jagd nach passenden Kleidern durchkämmten wir zahlreiche Geschäfte.

Im Kaufhaus NK war der Weihnachtsbaum mit all den roten Paketen verschwunden, und die Girlanden waren abgeräumt. Wir mieden die Unterhosenabteilung und die Uhrenabteilung. Aber sonst waren wir fast überall.

Es war warm und eng. Ich war noch nicht an meine neue Brille gewöhnt und glaubte die ganze Zeit, daß ich mit allen Leuten zusammenstoßen würde. Allmählich begann ich mich echt k. o. zu fühlen. Aber Torstensson wurde nur immer munterer.

Wir kauften mehrere Pullis, zwei Paar Hosen, einen Lumberjack und ein Jackett, drei Hemden, zwei Krawatten und einen Mantel. Torstensson brachte die Verkäuferinnen dazu, das halbe Lager auszuräumen. Er kniff in die Stoffe und redete mit lauter Stimme.

Der ganze Kram war sündhaft teuer und sah abscheulich aus. Überhaupt nicht mein Stil.

Aber Torstensson nickte nur zufrieden.

»Ausgezeichnet«, sagte er und zückte seine Kreditkarte. Es war eine unglaubliche Schau, ich hatte so etwas noch nie erlebt.

»So, jetzt brauchen wir eine Stärkung«, sagte Torstensson schließlich. »Die haben wir uns redlich verdient.«

Inzwischen gab es garantiert keinen einzigen Laden für teure Kleider, den wir nicht besucht hätten. Meine Beine fühlten sich an, als hätte ich spezialangefertigte Bleischuhe an den Füßen. Und dabei waren es nur italienische Modeschuhe, die schon undicht geworden waren.

Wir waren über und über mit Einkaufstüten beladen. Meine alten Kleider hatte ich in eine kleine Plastiktüte gesteckt.

»Jetzt ist nur noch der Kopf übrig«, sagte Torstensson, als wir gegessen hatten.

Er pustete eine Giftgaswolke von seinem Zigarillo auf meinen Schädel.

»Das wird bestimmt nicht einfach«, sagte ich. Ich glaubte nämlich, daß er die Innenseite meines Kopfes meinte. Dabei schleppte er mich in einen Frisiersalon mit grünen Pflanzen, großen Spiegeln und mageren Friseuren.

Der Heini, der mich verarztete, hatte einen Pferdeschwanz und Ohrringe. Ich setzte mich auf den Stuhl, und der Pferdeschwanzheini betrachtete meine zottigen Haare, die inzwischen ein gutes Stück gewachsen waren. Aber für einen Pferdeschwanz waren sie noch zu kurz.

»Und wie hättest du's gern?« fragte er.

»Das ist mir egal«, sagte ich.

Das entsprach der Wahrheit. Ich war viel zu erschöpft, um über mein Aussehen zu diskutieren.

Ich lehnte mich zurück und hüllte mich in den Plastikumhang wie in einen Schlafsack. Aus den Lautsprechern rieselte Musik und vermischte sich mit den Geräuschen von klappernden Scheren und brummenden Haarschneidemaschinen. Wenn man die Augen schloß, konnte man sich einbilden, lauter Grillen und Hummeln zu hören. Und das tat ich. Während der Pferdeschwanzheini meine Kopfhaut massierte, bis alle Gedanken zu Schaum wurden, der mit der Handdusche weggespült werden konnte, schlief ich ein.

Ich träumte von einer Sommerwiese mit summenden Insekten und von Blumen, die nach Haarcreme dufteten.

Erst als der Heini mir auf die Schulter klopfte, wachte ich auf.

»Einverstanden?« fragte er.

»Klar«, sagte ich verschlafen, während ich nach meinem Spiegelbild suchte.

Ich konnte mich nirgends sehen. Ich war verschwunden! Vor mir im Spiegel saß ein Fremder, der meine neue Hose, meine undichten Schuhe und meine alte Nase geklaut hatte.

»Ich hab's ein wenig getönt«, erklärte der Pferdeschwanzfriseur.

Es brauchte eine Weile, bis ich begriff, daß ich derjenige war, der da saß, und daß der Friseur meine Haare meinte.

Sie sahen aus, als wären sie auf der Sommerwiese gelegen, von der ich geträumt hatte, um dort von der Sonne gebleicht und von einem leichten Wind zerzaust zu werden. Das Ergebnis war sehr adrett.

»Man kennt dich fast nicht wieder, mein Junge«, sagte Torstensson zufrieden, als ich den Plastikumhang abgelegt hatte und in meinen neuen Mantel geschlüpft war.

Ich wollte gerade mit meinen Einkaufstüten in mein

Zimmer hinaufgehen, als das Telefon läutete. Meine Mutter antwortete.

»Ja, warte einen Augenblick, ich hole ihn«, sagte sie.

Ich wußte schon, wer es war. Das hörte ich ihrer Stimme an.

»Es ist für dich, Lasse!« sagte sie. »Es ist Papa.«

Ich stellte die Tüten ab und ging langsam zum Telefon hinüber, während mein Herz heftig zu klopfen begann. Seit wir in Torstenssons Haus eingezogen waren, hatte ich meinen Vater nicht mehr gesehen.

»Hallo«, sagte ich.

»Hallo, Lasse!« sagte mein Vater. »Wie geht's denn so?«

Seine Stimme schien von weit her zu kommen, irgendwo vom Nordpol. Sie klang wie eine traurige Stimme, die froh zu klingen versuchte.

»Ganz ordentlich«, sagte ich.

»Kannst du nicht mal bei mir vorbeischauen?« fragte mein Vater. »Wir könnten ja ins Kino gehen oder so.«

»Das geht nicht«, sagte ich.

»Warum, zum Teufel, geht das nicht?«

In der Leitung knisterte es, als schaffte die Stimme es kaum, über die verschneiten Weiten zu mir zu dringen. Ich wollte, daß er weiterredete.

»Warum?« fragte er noch einmal, als ich nicht antwortete. »Hat deine Mutter etwas dagegen?«

»Nein, das ist es nicht...«

»Was ist es dann? Ist es dieser Fatzke?«

Damit meinte er Torstensson.

»Nein«, sagte ich. »Es ist nur – ich fühle mich nicht ganz wohl. Darum.«

»Aha«, sagte er. »Dann werde nur schnell wieder gesund.«

»Ja«, sagte ich. »Das werde ich.«

Nein, ich fühlte mich nicht ganz wohl. Ich lag angezogen auf dem Bett. Die Tüten waren völlig zerknautscht. Ich hatte auf sie eingeboxt, nachdem ich sie auf den Schreibtisch gestellt hatte, ähnlich wie damals, als ich auf die Fleischklumpen im Schlachthaus eindrosch. Ich schlug und schlug, bis meine Augen voller Tränen standen und ich nicht mehr sah, wohin ich schlug.

Dann machte ich den Kassettenrecorder an.

Elvis sang ›I feel so bad‹.

Ich holte die alte Mundharmonika meines Vaters hervor und versuchte die richtigen Töne zu finden. Es war aussichtslos. Mein Atem war völlig durcheinander. Mir blieb die ganze Zeit die Puste weg. Aber ich übte trotzdem weiter, bis die Mundharmonika endlich die Stimme übertönte, die unentwegt durch meinen Kopf hallte.

7

Die Weihnachtsferien waren zu Ende!

Ich hatte mich angezogen und stand jetzt vor dem Garderobenspiegel und nahm mein neues Aussehen in Augenschein. Ich verspürte eine überwältigende Lust, meine Brille auf den Boden zu schmettern, damit alles wieder so verschwommen und schön wie zuvor würde.

So konnte ich doch unmöglich in die Schule gehen! Ich wagte gar nicht daran zu denken, was Pucko, Danne und die anderen sagen würden. Der einzige, der zufrieden sein würde, war wohl Asp.

Ich war drauf und dran, mir die neuen Kleider vom Leib zu reißen und die Plastiktüte mit meinen abgelegten Sachen hervorzuholen, die ich tief in den Wandschrank hineingeschoben hatte.

Da hörte ich, wie sich etwas bei der Tür bewegte.

Es war Lollo. Ich war so damit beschäftigt gewesen, mich selbst anzuschauen, daß ich sie nicht kommen gehört hatte.

Seit sie zu ihrer Mutter abgehauen war, hatte ich sie nicht mehr gesehen. Als sie jetzt so dastand und mich mit ihren grünen Augen musterte, hätte ich mich am liebsten in Luft aufgelöst.

»Mensch, Lasse«, sagte sie. »Ich hatte ja keine Ahnung, daß du so süß aussehen kannst!«

Ich bekam rote Ohren.

»Ja, wer hätte das gedacht«, sagte ich und drückte mich an ihr vorbei zur Tür hinaus.

Unten wartete meine Mutter auf mich, es war nämlich schon spät. Sie stand startbereit wie ein Stafettenläufer und hielt das harte schwarze Snobköfferchen, das Torstensson mir gekauft hatte, in der Hand.

»Mach's gut«, sagte sie und strahlte mich mit ihrem neuen Porzellanlächeln an. »Bestimmt freust du dich darauf, deine alten Kumpels in der Klasse wiederzusehen?«

»Und wie!« sagte ich.

Ich hatte mich so lange im Wald hinter der Schule aufgehalten, bis ich sicher sein konnte, daß die anderen schon im Klassenzimmer verschwunden waren. Ich hatte keine Lust, ihnen im Korridor zu begegnen und ihre verblüfften Gesichter zu sehen.

Bestimmt würden sie mindestens eine Stunde brauchen, um sich in aller Ruhe im Klassenzimmer an mein neues Aussehen zu gewöhnen.

Ich hängte meinen Lumberjack neben Puckos schwarze Lederjacke, rückte die Brille zurecht und trat ein.

Asp stand vorn an der Tafel. Seine Haare hatten sich während der Weihnachtsferien ganz gut erholt. Mit zufriedener Miene blickte er aufs Klassenzimmer hinaus. Er hatte die Schüler soeben umgesetzt. Mein alter Platz neben Pucko war allerdings noch frei. Das sah ich gleich, als ich, das schwarze Köfferchen wie ein Schild vor dem Bauch, ins Klassenzimmer hereinkam. »Guten Morgen«, sagte ich so fröhlich wie möglich.

Ich ahnte, daß sich alle Augen auf mich richteten. Aber ich versuchte, ausschließlich Asp anzusehen. Er war der einzige, der meine Verwandlung mit Gewißheit schätzen würde.

»Ist das etwa Lasse?« fragte er nach einem endlosen Schweigen.

»Ja«, bestätigte ich und lächelte mit meinen frischgeputzten Zähnen ohne Zahnstein.

Während er mich musterte, begann sein Mundwinkel leicht zu zucken.

Seine Augen starteten bei den italienischen Schuhen, überquerten die Socken, krochen an den karierten französischen Hosenbeinen hinauf und verirrten sich im labyrinthischen Muster meines Snobhemdes.

Ich drehte mich ein wenig hin und her, wie ich es bei den Mannequins im Fernsehen gesehen hatte. Ich wollte Asp kein einziges Detail vorenthalten. Ich fuhr mir leicht mit der Hand durchs Haar, damit er besser sehen konnte, was der Pferdeschwanzfriseur damit angestellt hatte.

»Das reicht jetzt, Lasse!« sagte er, nachdem ich mich einmal extra im Kreis gedreht hatte.

Ich hielt an. Draußen vor den Fenstern zogen dunkle Wolken am Himmel auf. Und Asp wirkte keineswegs so zufrieden, wie ich es mir vorgestellt hatte.

Mein ganzer Auftritt war ziemlich mißlungen.

»Setz dich jetzt an deinen Platz«, sagte Asp nur.

Mein Blick überflog das Klassenzimmer.

Ganz vorn saßen wie immer Gabriella mit den Sommersprossen, Mårten mit der Chorknabenvisage, Fredde und Sissi. Die saßen auch sonst immer dort, hatten nur die Plätze untereinander getauscht.

Tina saß auch ziemlich weit vorn, in der Nähe des Fensters. Neben ihr saß Gittan, die ihr soeben etwas ins Ohr flüsterte. In der Mitte saßen Patrik, Sanna und Kilo mit seinem runden Globusschädel. Und ganz hinten saß die übliche Räuberbande, Pucko, Danne, Fiffi und Fischpudding, der selbst im Sommer noch grauweiß aussah. Der Platz neben Pucko war allem Anschein nach für mich reserviert.

Pucko wedelte leicht mit den Ohren. Das konnte er gut. Dann zeigte er auf die freie Bank und grinste eifrig, als amüsierte er sich köstlich. Das begriff ich nicht. Er schien zu glauben, ich hätte mir einen besonders witzigen Streich ausgedacht. Und Danne und Fiffi schienen dasselbe zu glauben.

»So, Lasse, ein bißchen dalli, wenn ich bitten darf«, sagte Asp.

»Ich weiß nicht, wo ich mich hinsetzen soll«, sagte ich.

Asp zeigte auf die freie Bank.

»Dorthin, natürlich.«

»Entschuldigung«, sagte ich so höflich wie möglich. »Aber das geht nicht.«

»Wieso geht das nicht?«

»Es ist zu weit weg«, erklärte ich. »Ich will ganz vorn sitzen.«

»Was?« sagte Asp.

Das hatte er nicht erwartet. Und sonst auch keiner. Ich hörte, wie Pucko hinten anfing zu wiehern, sah, wie Kilos Bauch munter zu wogen begann.

»Wegen der Augen«, fuhr ich fort und zeigte auf meine Brille. »Ich möchte dem Unterricht gerne besser folgen können.«

Pucko und Danne explodierten. Und Asp sah aus, als würde es ihm jetzt endgültig zuviel.

»Jetzt habe ich genug von deinen Faxen!« sagte er.

»Ja«, sagte ich.

»Es ist mein Ernst«, fuhr Asp fort. »Nimm dich jetzt lieber zusammen, Lasse. Um deinetwillen. Setz dich an deinen Platz!«

»Aber ich habe ein Attest, in dem steht, daß ich vorn sitzen soll.«

Ich reichte ihm den Zettel, den Torstensson dem Optiker

abgeschwatzt hatte. Es dauerte ziemlich lang, bis Asp ihn gelesen hatte.

»Ja«, sagte er schließlich. »Dann mußt du eben Gabriellas Platz nehmen.«

Gabriella wirkte nicht eben begeistert davon, ganz hinten zwischen Pucko und Fischpudding zu landen.

»Mann, das war echt stark!« grinste Fischpudding.

Seine grauweiße Haut hatte einen schwach rosa Schimmer angenommen. Wie Hummersoße. Die anderen waren ebenfalls mächtig aufgekratzt.

»O Mann, war das ein Heuler!« sagte Fiffi und schüttelte ihre rabenschwarzen Punkerstacheln. »Ich hab ja schier in die Hose gemacht, als du mit dieser Brille reingelatscht kamst!«

»Und er konnte gar nichts sagen!« bemerkte Danne entzückt.

Das traf auch auf mich zu. Ich konnte ganz einfach nicht sagen, daß es überhaupt nicht so gedacht war, daß diese Kleider und diese Brille überhaupt nicht komisch waren. Sie sahen alle so stolz und glücklich aus, da konnte ich ihnen unmöglich eröffnen, daß ich ab jetzt ein anderer sein würde. Sie würden mir sowieso nicht glauben. Das hatte Asp auch nicht getan.

»Das hat ihn ganz schön umgehauen, was?« sagte ich und boxte sie leicht in die Seite.

»Und wie!« sagte Fiffi. »Du hättest sein Gesicht sehen sollen. Es hat echt gekocht.«

»Wie eine Lawine«, sagte Fischpudding, der sich nicht besonders gut mit Naturphänomenen auskannte.

Vermutlich meinte er Vulkan.

»Genau«, sagte Pucko und packte mich an meinem Lumberjack. »Das müssen wir feiern! Los, wir zischen ab.«

»Ich habe einen Hunderter«, verkündete Danne und trug damit noch mehr zur allgemeinen Heiterkeit bei.

»Hab ich von meiner Alten bekommen, um mir 'nen neuen Pulli zu kaufen. Aber der hier ist doch noch einwandfrei, oder?«

Er zog seine Jacke auseinander und zeigte uns seinen alten wohlvertrauten Pulli. Auf der Vorderseite streckte Dee Snider seine lange Zunge aus. Er schien den Pulli mit seinen lackierten Fingernägeln verschmiert und zerkratzt zu haben. »Klar ist er das!« bestätigte Pucko. »Selten so 'nen schicken Pulli gesehen! Los, wir ziehen Leine!«

Ich hatte große Lust mitzukommen. Ich wußte genau, wie es sich abspielen würde.

Zuerst würden wir ins Café gehen, jeder eine Limo kippen und dem Gezwitscher der Electronic-Spiele lauschen, vielleicht würden wir auch ein paarmal flippern, und ich würde Danne aus purer Freundschaft einige Male gewinnen lassen. Und er würde dann auf dem ganzen Weg in die Stadt über sein phänomenales Spiel sülzen.

In der Stadt würden wir dann einfach die Straßen entlangtreiben. Wenn es zu kalt wäre, würden wir in irgendeinem Kaufhaus in der Abteilung für Damenunterwäsche Verstecken spielen oder auch nur am Eingang von NK unterm Warmluftventilator stehen.

»Ich kann nicht«, sagte ich.

Sie starrten mich an, als hätte ich schon wieder einen gelungenen Witz gemacht.

»Ganz sicher«, sagte ich. »Es geht nicht.«

»Okay«, sagte Pucko und sah sich um, wie um den anderen klarzumachen, daß ich bestimmt etwas Wichtiges vorhätte. »Aber wir verduften trotzdem.«

Wie eine Schar wilder Kaninchen hüpften sie über den Schulhof, umrundeten die Fahnenstange, wo die Fahne vor den dunklen Wolken flatterte, da heute der erste Schultag war, um schließlich lachend zu verschwinden. Sie drehten sich kein einziges Mal um.

Ich hüllte mich fester in meine Jacke und steuerte aufs Schultor zu.

Im Gewimmel entdeckte ich Lollos rote Haare, daher ließ ich mir reichlich Zeit.

Es war die letzte Stunde. Ich saß auf meinem neuen Platz, direkt unter Asps Kinnspitze, und blinzelte zum Fenster hinaus.

Schließlich nahm ich die Brille ab. Ich tat so, als müßte ich sie säubern. Meine Augen mußten sich ein wenig ausruhen. Sie waren die neue Sehschärfe noch nicht gewöhnt.

Der Schnee fiel jetzt wie mit großen Wattebäuschen auf den Skihang mit der lebensgefährlichen alten Sprungschanze, auf den Schulhof und auf den dahinterliegenden Kiefernwald. Man hörte das Sausen des Verkehrs auf der Landstraße.

Bald war dieser erste Tag zu Ende.

Asp trainierte seinen Daumen, indem er am Ende eines Kugelschreibers herumdrückte.

»Vergeßt nicht, alles zu wiederholen, was wir im Herbst durchgenommen haben. Nächste Woche schreiben wir eine kleine Arbeit«, teilte er mit.

Wie üblich! Er hatte offensichtlich vor, das neue Halbjahr mit einem Blitzstart zu eröffnen. Ich hatte keine Chance. Wie sollte ich in so kurzer Zeit alles, was wir im Herbst durchgenommen hatten, nachholen können?

Seufzend setzte ich die Brille wieder auf und sah ins Mathebuch. Wo sollte ich anfangen? Alles kam mir gleich unbegreiflich vor. Torstensson hatte mich bestimmt für gescheiter gehalten, als ich in Wirklichkeit war.

Wie hatte ich je glauben können, daß ich es schaffen würde? ICH BIN EIN IDIOT, schrieb ich mit großen Buchstaben auf ein Blatt kariertes Papier. Genauso fühlte ich mich. Ich sah zu Mårten hinüber, der neben mir saß. Er kritzelte mit wahrem Feuereifer Zahlen aufs Papier und schien nicht die geringsten Probleme zu haben. Und Fredde auch nicht.

Als ich aufblickte, sah ich, daß Asp seine Augen auf meine Hand gerichtet hatte.

Er hatte beobachtet, daß ich etwas kritzelte. Rasch drehte ich das Blatt Papier um. Ich wollte nicht, daß er sah, was ich geschrieben hatte. Er beugte sich vor, und ich hatte das Gefühl, als würde er jeden Augenblick durch meine Brillengläser springen.

»Hast du nicht behauptet, daß du weit vorne sitzen wolltest, um besser aufpassen zu können?« sagte er. »Und dann sitzt du nur da und kritzelst!«

Er begann sich von seinem Stuhl zu erheben. Während er auf mich zukam, fertigte ich in Windeseile eine Zeichnung an, um ihn nicht zu enttäuschen.

Ich schaffte es gerade noch, einen Tintenfisch zu zeichnen, bevor Asp seinen Arm ausstreckte und das Blatt Papier schnappte.

Er hielt es vor sich hoch.

»So, so, damit beschäftigst du dich also!« sagte er.

ICH BIN EIN IDIOT, stand jetzt unter seinem Kinn. Er drehte sich hin und her, so daß alle es lesen konnten. Nur er selbst hatte keine Ahnung davon.

Dann ertönte die Klingel. Asp seufzte und legte die Zeichnung aufs Pult. Und ich beeilte mich, zur Tür hinauszukommen. Da hatte ich noch einmal Glück gehabt! Daran war ich nicht gewöhnt.

Da hörte ich hinter mir Gabriellas Stimme.

»Herr Asp, drehen Sie den Zettel doch mal um!«

Ich hatte mich auf die Toilette verzogen. Dort blieb ich sitzen und dachte darüber nach, wie schief alles gelaufen war, bis ich sicher war, daß Asp gegangen war.

Dann erst ging ich hinaus.

Es war kalt. Und es schneite noch immer. Ich stellte den Jackenkragen hoch und bohrte die Hände in die Taschen. Ich war so in Gedanken versunken, daß ich es gar nicht bemerkte, als Tina auftauchte.

Plötzlich war sie einfach neben mir.

»Gehst du jetzt nach Hause?« fragte sie.

»Ja«, sagte ich.

Dann wußten wir nicht mehr, was wir sagen sollten. Mit raschen Schritten gingen wir nebeneinander den Weg hinunter, der zur U-Bahn-Station führte; der weiße Dampf, der von unseren Mündern aufstieg, floß ineinander.

Es war ein gutes Gefühl, Tina neben sich zu haben. Sie war kleiner als ich, aber nicht viel, und hielt mühelos Schritt mit mir.

Noch ein, zwei Minuten, dann sage ich vielleicht etwas, dachte ich. Wenn sich das Durcheinander in meinem Schädel erst einmal beruhigt hat, fällt mir vielleicht etwas ein. Ich könnte sie fragen, ob sie mit mir ins Café geht. Oder ob sie ins Kino mitkommt, da braucht man sich nicht zu unterhalten.

Ich wandte den Kopf, so daß ich die blaue Kapuze sehen konnte, die sie gegen Schnee und Wind über den Kopf gezogen hatte. Ihre Nasenspitze war rot.

»Hast du was gesagt?« fragte sie.

»Nöö . . .« sagte ich.

Welch eine sprühende Unterhaltung!

Weiter unten stand ein Mann ans Geländer gelehnt. Durch das dichte Schneetreiben konnte ich ihn nur als grauen Schatten wahrnehmen. Er stand ganz still. Und ich sah, daß er zur Schule hinaufblickte.

Als ich näher kam, erkannte ich die Schaffellmütze. Er hatte sie tief in die Stirn gedrückt. Die Mütze war voller Schnee, und die Schultern des alten Trenchcoats, den der Weihnachtsmann vor Urzeiten mal angehabt hatte, waren ebenfalls weiß verschneit.

»Papa«, flüsterte ich vor mich hin.

»Hast du was gesagt?« fragte Tina und sah zu mir herüber.

»Nein«, sagte ich. »Nichts.«

Dann schwiegen wir wieder. Als wir direkt an meinem

Vater vorbeigingen, sah er zu uns herüber. Doch dann wandte er den Blick wieder ab, spuckte auf den Boden und starrte weiterhin zur Schule hinauf.

Er hatte mich nicht wiedererkannt! Am liebsten wäre ich über die Straße zu ihm gerannt. Aber ich konnte es nicht. Ich konnte mich ihm nicht in diesen Kleidern zeigen, nicht jetzt, nachdem wir uns seit Ewigkeiten nicht gesehen hatten. Wir setzten unseren Weg fort.

Ich war fix und fertig.

Als wir bei Enskedevägen ankamen, hatte ich das traurige Gesicht meines Vaters immer noch vor Augen. Es klebte geradezu an der Innenseite meiner Brillengläser.

»Ich liebe dich«, sagte ich zu dem Gesicht. »Ich liebe dich.«

»Wie bitte?« sagte Tina.

»Was?« sagte ich. Ich hatte sie nämlich total vergessen.

»Hast du etwas gesagt?«

»Nöö«, antwortete ich.

Dann mußten wir in verschiedene Richtungen weitergehen. Ich ging langsam zu Tussmötevägen hinüber, während der Schnee unaufhaltsam auf mein getöntes Haar fiel.

8

»Ausgezeichnet!« sagte Torstensson.

Wir saßen beide auf dem Sofa und hatten das Rechenbuch vor uns liegen. Torstensson hatte schon längst sein Lederjackett abgelegt. An seinem Hemd begannen sich Schweißflecken abzuzeichnen. Es war mir klar, daß seine Aufgabe durchaus schweißtreibend war. Er versuchte mir Mathematik beizubringen. Und ich hatte seit Ewigkeiten keine einzige Matheaufgabe begriffen.

Jetzt ackerten wir Schuljahr für Schuljahr durch, während die Sonne zum Wohnzimmerfenster hereinschien und ihre Strahlen durch die tropischen Büsche auf den Boden schickte.

Meine Mutter war im Krankenhaus. Und Lollo saß in einer Ecke und las ein Buch. Sie schätzte diese Art von dikken Büchern, für die unsere Bibliothekarin immer so schwärmte. Ab und zu hob sie den Blick.

»Das hast du wirklich verstanden«, jubelte Torstensson.

Offensichtlich war es mir gelungen, eine weitere Aufgabe zu lösen.

Ich nahm das Rechenbuch in die Hand, um die nächste Aufgabe anzuschauen, als Torstensson mir aufmunternd auf die Schulter klopfte. Da fiel mir das Buch aus der Hand und verschwand irgendwo unterm Couchtisch.

»Das reinste Wunderkind!« bemerkte Lollo säuerlich.

»Mit seinem Kopf ist alles in Ordnung«, sagte Torstensson.

»Ja, sag ich doch!« fauchte Lollo.

Ich schlängelte mich vom Sofa unter den Tisch und kroch davon, um das Buch zu holen. Dabei ließ ich mir Zeit. Mein Kopf hatte es dringend nötig, sich eine Weile auszuruhen.

»Wenn er so weitermacht, hat er die anderen bald eingeholt!« verkündete Torstensson begeistert.

»Bestimmt wird er bald Professor«, sagte Lollo, während ich auf dem weichen Teppich herumkrabbelte und mich wie ein tüchtiger Hund fühlte.

»Das kann schon sein«, sagte Torstensson. »Könntest du dich nicht mit deinem Buch irgendwo anders hinsetzen, damit wir in Ruhe arbeiten können?«

Lollo stand mit einem verächtlichen Schnauben auf.

Inzwischen hatte ich das Buch erwischt und begann rückwärts hinauszukriechen, mit dem Hintern voraus.

»Mensch, ihr seid vielleicht trübe Tassen!« stöhnte Lollo.

Auf dem Weg zur Tür verpaßte sie meinem hochgestreckten Hintern einen unmerklichen Schubs, worauf ich vornüber kippte und mit der Nase in die Oberkante des Mathebuches fuhr.

Es fühlte sich an, als würde meine Nase abgerissen. Und dabei war sie das letzte, was von meinem alten Gesicht übriggeblieben war.

Durch den Schmerz hörte ich, daß es irgendwo klingelte.

Mir war ganz schwindelig, als ich aufstand, in meiner Nase brannte und stach es, und Wut hämmerte in meiner Brust.

»Paß auf, daß du das Buch nicht verschmierst!« sagte Lollo schadenfroh, als sie meine blutige Nase sah.

Ich bin ein ziemlich gutmütiger Mensch und mag keinen Streit. Aber manchmal kommt es in meinem Kopf zu einem Kurzschluß. Vielleicht war es ihr Lächeln, das ich nicht ertragen konnte.

»Du fiese versnobte Sau!« schrie ich, worauf Torstensson erblaßte und Fischpudding zu ähneln begann.

Dann fiel ich mit blutender Nase über Lollo her.

Darauf war sie nicht gefaßt gewesen, und Torstensson auch nicht.

Ich weiß nicht, was ich mit ihr vorgehabt hatte. Ich kam aber gar nicht dazu, etwas zu tun, weil ich vorher dieses dicke Buch, das sie gerade gelesen hatte, auf den Schädel bekam. Es hieß ›Die unendliche Geschichte‹ und war unendlich hart. Es sollte verboten sein, so dicke Bücher zu schreiben!

Fast wäre ich wieder auf den Teppich zurückgesunken. Mein Kopf war wie betäubt, und in meinen Ohren gellte ein schriller Ton. Ich griff nach Lollo, um nicht hinzufallen, und erwischte dabei ihre eine Brust. Lollo heulte auf und verzog das Gesicht, während ich mich weiter an ihr festhielt.

»Was treibst du da, du Wüstling?«

Torstensson war das Lächeln inzwischen total vergangen. Er packte mich von hinten und riß mich von Lollo weg.

Wahrscheinlich hatte er das, was sie mit meinem Hintern gemacht hatte, nicht gesehen. Und meine Nase auch nicht. Er bildete sich bestimmt ein, ich hätte mich in einem Rückfall in meine schreckliche Vergangenheit auf ihren Busen gestürzt.

»Jetzt kühlst du dich erst einmal ab, Bürschchen!« herrschte er mich an und schlang wie ein wildgewordener Tintenfisch seine Arme um mich.

»Laß mich los!« schrie ich. »Laß mich!«

Da kam mein Vater ins Zimmer.

Er war lange draußen gestanden und hatte es nicht gewagt einzutreten. Er hatte das glänzende Messingschild an der Tür angeschaut, auf dem »Dr. Hilding Torstensson, Zahnarzt« stand, und dabei ein Gesicht gemacht, als hätte er die größte Zahnarztphobie in ganz Schweden.

Und als er sich endlich dazu überwunden hatte zu klingeln, hatte niemand aufgemacht. Er hatte mehrmals geläutet. Eigentlich hatte er nur fragen wollen, ob ich nicht zu einer kleinen Spazierfahrt Lust hätte.

Er hatte gerade die Treppe wieder hinuntermarschieren wollen, als er meinen Schrei hörte. Die Tür war offen gewesen. Und da war er ins Haus gerannt, ohne sich die Füße vorher abzutreten. Er kam gerade rechtzeitig, um zu sehen, wie Torstensson mir die Luft aus dem Leib preßte, während das Blut mir aus der Nase tropfte.

»Du fettes Schwein!« knurrte mein Vater. »Was fällt dir eigentlich ein, he?«

Torstensson ließ mich los und ging rückwärts aufs Klavier zu. Er setzte sich fast auf die Tasten und riß entsetzt die Augen auf.

»Wer sind Sie?« fragte er. »Was tun Sie hier?«

Er hatte meinen Vater noch nie gesehen.

»Ich mach Mus aus dir«, sagte mein Vater.

»Wie bitte?« sagte Torstensson.

»Ich quetsch dich zu Brei«, sagte mein Vater. »Paß nur auf, du!«

»Immer mit der Ruhe«, sagte Torstensson.
»Er ist doch nur ein kleiner Junge«, fuhr mein Vater fort. »Menschenskind, er ist doch nur ein kleiner Junge!«
»Wer?« fragte Torstensson verwirrt.
»Du bist doch wirklich das Allerletzte!« brüllte mein Vater, während ihm die Tränen über die Wangen liefen und er mit seiner schiefen Nase schniefte.

Offensichtlich glaubte er, daß es Torstensson gewesen war, der mich verletzt hatte.

»Papa«, sagte ich.

Er hätte Torstensson garantiert zusammengeschlagen, wenn ich nicht auf ihn zugegangen wäre. Wir sind uns sehr ähnlich. In seinem Kopf können ähnliche Kurzschlüsse entstehen wie in meinem.

Ich schlang die Arme um ihn und rieb die Nase an seinem Mantel.

»Es ist nicht so, wie du glaubst«, sagte ich.

Es dauerte eine Zeitlang, bis er sich beruhigt hatte.

»Dann muß ich mich entschuldigen«, sagte mein Vater und reichte Torstensson die Hand, nachdem ich erklärt hatte, daß ein Rechenbuch an meiner blutigen Nase schuld war.

»Bitte sehr«, sagte Torstensson kühl. »Ich werde etwas holen, um Lasses Nase zu säubern.« Damit begab er sich in die Zahnarztpraxis hinunter, um ein wenig Watte zu holen.

Lollo schien nur ungern mit uns allein zu bleiben. Sie warf mir einen Blick zu, als wäre ich ein Monster aus dem Krieg der Sterne.

»Tut mir leid, das mit der Brust«, sagte ich.

Sie zuckte die Schultern, antwortete jedoch nicht, sondern ging in die Küche hinaus und schloß die Tür.

Dann waren mein Vater und ich allein. Er sah sich mit verlorenem Gesichtsausdruck in dem großen Wohnzimmer um.

»Wir verduften jetzt«, sagte ich. »Ich muß nur schnell meinen Pulli holen.«

Auf Gummibeinen ging ich die Treppe hinauf. Ich holte den Pulli hervor, den Großmutter mir zu Weihnachten gestrickt hatte, und zog ihn an. Meine Hosen waren voller Blutflecken, doch das kümmerte mich nicht. Und daß die Brille heruntergefallen war, als ich das Buch auf den Kopf bekommen hatte, war nur gut.

Bevor ich wieder hinunterging, steckte ich die Mundharmonika ein.

»Wollen Sie nicht noch zum Tee bleiben?« fragte Torstensson. »Wir sollten uns wohl über einiges unterhalten.«

Er hatte meine Nase inzwischen mit Alkohol abgewaschen. Genausogut hätte ich sie in eine Brennesselstaude stecken können.

»Nein«, sagte ich. »Wir fahren jetzt lieber.«

Torstensson bestand nicht darauf. Er begriff wohl, daß es keinen Sinn hatte.

Es war ein herrliches Gefühl, wieder neben meinem Vater im Auto zu sitzen.

Die Sonne schien so heiß wie schon lange nicht mehr. Die Straßen waren voller Schneematsch. Wir fuhren Enskedevägen entlang, an der Schule, am Café und an all den Häusern vorbei, die ich kannte, seit ich ein Säugling war.

Ich schloß die Augen und lauschte dem Motor und dem Sausen der Spikesreifen. Es spielte keine Rolle, wohin wir fuhren. Vermutlich würden wir, wie schon so oft, nur kreuz und quer durch die Gegend fahren, bis alles wieder so wie früher war.

Ich lehnte meinen Kopf an die Schulter meines Vaters. Er sagte nichts. Und das war fast das allerbeste. Bei Torstenssons wurde pausenlos geredet, so daß man kaum etwas hörte.

Ich hielt die Augen immer noch geschlossen und riet, wo wir uns gerade befanden.

Jetzt waren wir wahrscheinlich beim Enskedegård, dann fuhren wir am Schlachthof und an den grauen Betonmauern des Eisstadions vorbei, mit den Scheinwerfern darüber, die wie riesige Blitzlichter aussahen. Dann waren wir oben auf der Brücke. Wenn man nach links hinunterschaute, würde man die Mühle und das Eriksdalsbad sehen, wo meine Mutter im Sommer, wenn sie frei hatte, mit mir zum Schwimmen ging. Dann wurden wir vom Tunnel mit den kreisenden Propellern an der Decke verschluckt.

Da schlug ich die Augen auf und sah im Licht der gelben Lampen das Gesicht meines Vaters im Rückspiegel aufleuchten.

Wahrscheinlich spürte er, daß ich ihn anschaute, er hob nämlich den Blick, so daß sich unsere Augen begegneten.

»Mensch Maier, deine Nase sieht vielleicht aus«, sagte er.

»Die wird bestimmt nie mehr, wie sie war.«

»Vielleicht wird sie wie deine«, sagte ich.

Es war ganz dunkel in dem Raum.

Wie graue Schatten flogen die Tiere zwischen den Zweigen hin und her. Sie preßten ihre Schnauzen ans Glas und schauten uns mit ihren großen, glänzenden Augen an. Dabei fiel mir Blackie Lawless ein. Wer sollte ihn füttern, wenn ich nicht da war?

Ich drückte die Hand meines Vaters noch fester. Wir waren in der Mondscheinhalle und guckten Nachttiere, Kleinaffen und Nagetiere an.

»Sollen wir weitergehen?« fragte mein Vater.

»Wenn du willst«, sagte ich.

Es war die Idee meines Vaters gewesen, daß wir in den Tierpark Skansen gehen sollten. Ich war nicht mehr dort gewesen, seit ich klein war. Vielleicht wünschte mein Vater, daß ich es noch wäre.

Er hielt mich an der Hand, als befürchtete er, daß ich davonrennen könnte.

Wir gingen in den Saal mit den Schlangen und Eidechsen. Eine Frau mit blauen Haaren zeigte zur Decke hinauf und zerrte einen Mann im Lodenmantel am Arm. Sie hatte das Faultier entdeckt, das dort oben über sämtlichen Köpfen hing.

»Guck mal!« sagte sie mit schriller Stimme. »Guck mal, wie dämlich das aussieht!«

Mein Vater stand direkt neben ihr.

»Das findet bestimmt, das Sie genauso dämlich aussehen!« sagte er mit mindestens ebenso lauter Stimme.

Die Frau bekam ein ganz weißes Gesicht und wäre fast in den Schaukasten mit den Skorpionen hineingetaumelt, während sie meinen Vater mit aufgerissenen Augen entsetzt anstarrte.

»So eine Unverschämtheit!« ächzte sie. »So was Freches!«

»Genau«, sagte mein Vater. »Sie sollten sich lieber überlegen, was Sie sagen!«

Er hatte es noch nie leiden können, wenn man Faultiere beleidigte.

Welch ein Unterschied zu Torstensson! Für ihn war die Natur ein einziges Schlachtfeld, wo nur die Stärksten eine Chance hatten. Das war das einzige, worauf alles hinauslief. Es kam nur darauf an, die anderen zu überlisten und zu besiegen.

Die Frau regte sich immer noch auf, als wir hinausgingen.

Dann wanderten wir scheinbar ziellos durch den Park.

Ich ahnte, wohin wir unterwegs waren. Aber mein Vater schob es so weit wie möglich hinaus. Wir besuchten die Pinguine, die Elefanten und die Ziegen und futterten Popcorn. Wir fuhren sogar mit dem Karussell.

Wenn die Miniautos in Betrieb gewesen wären, hätten wir bestimmt damit auch noch ein paar Runden gedreht.

»Na«, sagte mein Vater endlich. »Vielleicht sollten wir jetzt einmal bei den Bären vorbeischauen?«

»Klar«, sagte ich.

Das war das Ziel, zu dem wir die ganze Zeit unterwegs gewesen waren.

Es war fast wie früher. Die Eisbären hatten wir immer als letztes besucht.

Aber jetzt waren sie nicht mehr da!

Der Eisbärenfelsen ragte kahl und verlassen in die Höhe. Ein einsamer Polarfuchs schenkte uns einen mitleidigen Blick. Wir waren ein paar Jahre zu spät dran!

»Na, so 'ne Pleite«, sagte mein Vater, der annahm, daß ich enttäuscht war. Doch das war ich nicht. Ich war erleichtert, daß sie nicht mehr da waren.

Meine Mutter und mein Vater hatten immer geglaubt, daß mir die Eisbären am besten von allem gefielen. Immerzu hatte ich ihnen damit in den Ohren gelegen, daß ich dorthin wollte. Und jedesmal hatte ich mir die Taschen mit Zuckerstückchen vollgestopft, wenn wir hingingen. Das tat ich, weil sie mir so leid taten. Keines der anderen Tiere sah so eingesperrt und deprimiert aus wie die Eisbären.

Vor allem der größte von ihnen – er wanderte immerzu rund um den kahlen Felsen, warf den Kopf hin und her und sah ganz krank aus vor Trauer und Zorn. Ich liebte ihn. Einmal hatte ich mein Lieblingsschmusetier zu ihm hinuntergeworfen. Er hatte es in der Luft aufgefangen. Zuerst hatte er es beschnuppert, aber zerfetzt hatte er es nicht. Er hatte es an seine schmutziggelbe Brust gedrückt. Und alle, die am Geländer standen und zuschauten, hatten gelacht, weil es so verrückt und putzig aussah.

Aber ich hatte auf dem ganzen Heimweg geweint. Ich vermißte mein Schmusetier und heulte hemmungslos.

»Es macht nichts, daß sie nicht mehr da sind«, sagte ich. »Bestimmt haben sie es dort besser, wo sie jetzt sind.«

Ich wußte nicht, wo sie hingekommen waren. Aber ich wollte mir vorstellen, daß sie in die eisige Weite im Norden zurückgeschickt worden waren. Dort würden sie unterm Polarhimmel tanzen, so wie es meine Mutter und mein Vater einmal getan hatten.

Es war ein eigenartiges Gefühl, wieder nach Hause zu kommen. Mein Vater hatte nicht viel verändert. In meinem Zimmer war alles noch so wie früher. Unter dem Schreibtisch klebte immer noch ein alter Kaugummi. An den Wänden hingen vergilbte Zeitungsausschnitte mit Radrennfahrern, auf dem Fußboden lag ein altes Superman-Heft. Es war, als ob ich nur kurz draußen gewesen wäre, um Pucko zu treffen.

Wir saßen auf dem Sofa, und die Zeit schien stehengeblieben zu sein. Mein Vater hatte die Wanduhr nicht aufgezogen, und die Blumen waren vor Wassermangel vertrocknet. Wir hatten »Räuber und Polizei« und »Der verschwundene Diamant« gespielt, und mein Vater hatte verloren. Das tat er immer.

Jetzt legte er ›Until it's time for you to go‹ auf und spielte dazu. Die neue Mundharmonika, die er von mir zu Weihnachten bekommen hatte, klang wirklich anständig. Ich genoß es, dazusitzen und ihn spielen zu hören, während es draußen dunkel wurde.

»Spiel es doch bitte noch einmal«, sagte ich, als Elvis verstummt war.

»Gern«, sagte mein Vater.

Er legte die Platte noch einmal auf und setzte die Mundharmonika an die Lippen. Ich wühlte in meiner Hosentasche und holte die alte Mundharmonika meines Vaters heraus. Ich hatte ziemlich viel geübt, aber daß es so gut klingen würde, hätte ich dann doch nicht geglaubt. Ich setzte genau im richtigen Moment ein. Erst als ich an eine besonders hohe, vibrierende Stelle kam, merkte mein Vater etwas.

Da senkte er sachte seine Hände und ließ mich allein weiterspielen. Und ich blies drauflos, als hätte ich nie etwas anderes getan, bis mein Vater mich mit aufgerissenen Augen anstarrte und Elvis mehr als sonst mit der Stimme zitterte.

Als ich aufgehört hatte, blieb mein Vater lange still sitzen.

»Das war nicht schlecht«, sagte er schließlich. »Hol's der Teufel, aber das war nicht schlecht.«

»Nein«, sagte ich und lächelte.

»Jetzt spielen wir es noch einmal zusammen«, schlug er vor. So spielten wir, bis es ganz dunkel wurde und die Lippen sich rauh wie Sandpapier anfühlten und es an der Zeit war, schlafen zu gehen.

Ich legte mich ins Bett meiner Mutter.

Mein Vater hatte die rosa Vorhänge im Schlafzimmer abgenommen. Er hatte die Farbe nie ausstehen können, weil sie ihn an Schweine erinnerte. Und von denen hatte er tagsüber genug. So lagen wir nebeneinander und schauten in die Nacht hinaus, und die Luft war voll von all den Dingen, die wir uns hatten sagen wollen.

9

Ich stand in der Küche und hobelte mit dem Käsehobel Käsescheiben auf einen von Torstenssons besten Tellern. Ab und zu gurgelte der Kühlschrank vor sich hin, sonst war es still. Ich war länger als geplant bei meinem Vater geblieben. Es gab so viel, worüber wir gemeinsam schweigen mußten.

Ich hatte einen ordentlichen Haufen Käsescheiben beisammen, als meine Mutter und Torstensson in die Küche kamen.

»Du kommst aber spät«, sagte meine Mutter.

»Ja.«

»Na, und wie war's?«

»Gut.«

Ich hörte, daß sie gern mehr erfahren hätte. Aber sie wollte wohl nicht über meinen Vater sprechen, solange Torstensson zuhörte. Torstensson war bestimmt nicht scharf darauf, etwas über meinen Vater zu hören, nachdem der ihn als fettes Schwein bezeichnet hatte und fast Mus aus ihm gemacht hätte.

»Nichts Besonderes?« fragte sie nur.

»Nein, alles wie immer«, sagte ich.

Dann fiel uns nichts mehr zu sagen ein. Meine Mutter und Torstensson sahen mich verstohlen an. Und ich schielte kurz zu ihnen hinüber. Torstensson hatte einen scheußlichen glänzenden Morgenrock an. Und meine Mutter hatte ein glänzendes Gesicht, sie hatte sich nämlich schon für die Nacht eingecremt.

»Hast du Hunger?« fragte Torstensson, dem es schwerfiel, so lange zu schweigen. Er nickte zum Käse hinüber.

»Ein bißchen . . .«

»Vielleicht gab's da, wo du herkommst, nicht eben viel zu essen?« bemerkte er. »Ich kann ja Teewasser aufstellen, wenn du willst.«

Immerzu bot er einem Tee an. Ich verabscheute Tee.

»Nein, danke«, sagte ich. »Ich glaube, ich gehe jetzt ins Bett.«

»Tu das«, sagte meine Mutter.

Als ich an ihnen vorbeiging, starrte Torstensson auf den vollbeladenen Teller.

»Du scheinst wohl Käse zu mögen?« fragte er.

Inzwischen hatte Blackie Lawless bestimmt einen wahren Heißhunger! Seit ich mit meinem Vater davongefahren war, hatte er ja nichts mehr zu fressen bekommen. Ich schob den Teller unters Bett.

»Blackie«, flüsterte ich. »Jetzt bin ich wieder da!«

Mittlerweile hauste er in einem Käfig unter meinem Bett, den ich ihm während der Weihnachtsferien im Keller gebaut hatte. Dort unten gab es jede Menge Werkzeug. Der Käfig war schief und krumm geworden, ich bin nämlich nicht besonders praktisch veranlagt. Aber immerhin hatte er Wände aus feinem Maschendraht und eine Tür mit einem Haken, und Blackie schien sich darin wohl zu fühlen.

»Jetzt kriegst du was zu fressen, mein armer Kleiner«, sagte ich.

Er müßte den appetitanregenden Fußschweißgeruch, den

der Havartikäse verströmte, eigentlich schon erschnuppert haben. Jedesmal, wenn er Havartikäse roch, geriet er ganz aus dem Häuschen. Vielleicht erinnerte ihn der Geruch an Pucko?

Aber jetzt war unterm Bett nichts zu hören. Ich schaute nach. Eigentlich müßten mir seine Zähne aus dem dunklen Käfig entgegenleuchten, seine Krallen müßten auf dem Hartfaserboden scharren, und sein Schwanz müßte vor Eifer an die Drahtwände schlagen.

Ich packte den Käfig und zog ihn hervor. Er war leer!

Die etwas schief geratene Tür war angelehnt, obwohl ich fast sicher war, daß ich den Haken vorgelegt hatte.

»Blackie!« rief ich gedämpft. »Komm her, Blackie! Komm her, du verflixter kleiner Scheißer!«

Aber kein Blackie Lawless tauchte auf.

Er war verschwunden!

Vermutlich war er zur Tür hinaus und die Treppe hinuntergeflitzt. Ich durchsuchte das ganze Zimmer, sogar den Papierkorb und die Schreibtischschubladen, ohne die geringste Spur zu finden.

Er konnte sich überall im Haus befinden. In die Kälte und den Schnee hatte er sich bestimmt nicht hinausbegeben.

Mit schwerem Herzen schlüpfte ich in meinen Schlafanzug, der viel zu klein war. Ich hatte ihn schon viele Jahre. Er war blau wie das Meer, und auf der Brust hatte er ein rotes Dreieck mit einem gelben S darin.

Ich weiß noch, wie glücklich ich war, als ich diesen Supermanschlafanzug bekam. Aber jetzt gerade war ich nicht besonders glücklich.

Ich versuchte ins Bett zu gehen und einzuschlafen. Doch das hatte keinen Sinn. Also setzte ich mich statt dessen an meinen Schreibtisch. Vielleicht wären ein paar saftige Matheaufgaben in der Lage, die Gedanken aus meinem Kopf zu vertreiben.

Morgen stand mir ja die angekündigte Mathearbeit bevor. Ich hatte soeben alles zurechtgelegt, als Lollo mich rief.

»Lasse!«

»Was ist?« fragte ich.

»Komm mal her und schau dir das an!«

Zögernd ging ich in meinem zu engen Supermanschlafanzug in ihr Zimmer hinüber.

»Hallo!« sagte sie, als ich ins Zimmer kam.

Sie saß im Bett, hatte ein weißes Spitzennachthemd an und sah aus wie ein Engel, dem jemand die Flügel abgeschnitten hatte.

»Blackie!« stotterte ich.

Er war es nämlich tatsächlich. Mit halbgeschlossenen Augen lag er auf Lollos Brust, den Kopf auf bauschige Spitze gebettet, und schien sich ausgesprochen wohl zu fühlen.

»Diese Ratte hier gehört doch dir, oder?« sagte Lollo und kraulte ihn hinterm Ohr, als hätte sie zeit ihres Lebens nichts anderes getan.

»Wo hast du ihn gefunden?« fragte ich.

»Unter deinem Bett«, sagte sie.

Sie lächelte. Und ich lächelte ebenfalls. Ich war froh, daß er wieder aufgetaucht war. Jetzt würde ich ihn in seinen Käfig zurückbringen und mit dem leckeren Havarti füttern!

»Prima, daß du nach ihm geschaut hast«, sagte ich. »Kann ich ihn jetzt haben?«

»Weiß mein Vater eigentlich, daß du eine Ratte unterm Bett hast?« fragte sie.

»Nein.«

Ich war an ihr Bett getreten, um Blackie in Empfang zu nehmen. Aber irgend etwas in Lollos Verhalten brachte mich dazu, stehenzubleiben.

»Und deine Mutter?«

»Die würde ihn sofort an die Luft setzen«, sagte ich.

»Das würde mein Vater bestimmt auch tun«, meinte Lollo. »Wenn er davon erführe. Oder er würde ihn kaltmachen. Ganz sicher!«

Sie hielt die Hände über Blackies Nacken und tat so, als

würde sie ihm den Hals umdrehen, um mir klarzumachen, wie sehr Blackie vom Tode bedroht sei. Ich wollte Blackie so schnell wie möglich aus Lollos Zimmer herausbringen.

»Das wäre nicht besonders gut, was?« fragte sie.

»Du verrätst es doch nicht, oder?« sagte ich.

»Warum sollte ich das nicht tun?« versetzte Lollo kalt. »Wenn ich daran denke, was du mit meiner Brust angestellt hast! Ich hab einen wahnsinnigen blauen Fleck abbekommen. Willst du ihn mal sehen?«

So war sie! Man wurde nicht aus ihr schlau. In der einen Sekunde konnte sie unglaublich lieb sein, um gleich darauf völlig überzuschnappen.

»Gib mir Blackie!« sagte ich.

Sie reichte ihn mir. Jetzt hatte er mich entdeckt. Sein Schwanz zuckte hin und her, und er sah mich erwartungsvoll an. Bestimmt ahnte er, daß ich Futter für ihn hatte. Seine Augen funkelten vergnügt.

Als ich mich vorbeugte, um Blackie zu nehmen, packte Lollo meinen Kopf und gab mir einen Kuß.

»Tschüs, Superman«, sagte sie.

Und ich wackelte mit Blackie im Arm aus ihrem Zimmer und wußte, daß sie zu allem fähig war. Ohne mit der Wimper zu zucken, würde sie Torstensson verraten, daß ich eine Ratte unterm Bett hatte!

In dieser Nacht schlief ich schlecht. Ich hatte fürchterliche Träume und wachte immer wieder auf, um mich aus dem Bett zu lehnen und mich zu vergewissern, daß Blackie noch da war.

Mein Kissen rutschte auf den Boden, und die Bettdecke wand sich mir wie eine Schlange um den Körper. Und als ich aufwachte, hatte ich den steifsten Hals der Welt!

Beim kleinsten Versuch, den Kopf zu drehen, bekam ich so schlimme Schmerzen, daß ich am liebsten geschrien hätte. Meine ganze Birne war nach rechts verdreht!

Beim Frühstück sah ich stur nach rechts. Und als ich zur

Mathearbeit in die Schule ging, sah ich ebenfalls nach rechts.

Im Klassenzimmer schien die Sonne auf meinen Nacken und auf die linken Wangen der anderen.

Wir hatten die Bänke auseinander stellen müssen. Die karierten Blätter wurden nach und nach mit Zahlen und Rechnungen gefüllt. Die Stimmung war sehr friedlich.

Ich wünschte fast, daß diese Stunde ewig dauern und daß die Schulglocke stehenbleiben würde, ohne daß Asp es bemerkte.

Ich war schon fertig!

Zum erstenmal in meinem Leben hatte mir eine Klassenarbeit nicht die geringsten Schwierigkeiten bereitet. Es war das reinste Kinderspiel gewesen.

Manchmal, wenn man Flipper spielt und die Kugel nur so aufblitzt, ständig neue Lämpchen angehen und immer höhere Zahlen hervorrasseln, entsteht eine Art Jubel in einem – und ein solcher Jubel war jetzt gerade in mir. Ich war doch nicht so vernagelt, wie ich geglaubt hatte!

Asp würde den Mund nicht mehr zubringen, wenn er meine Arbeit korrigierte.

Ich versuchte ihn anzusehen. Doch das ging nicht. Mein Kopf ließ sich nicht bewegen.

Doch da bekam ich ihn statt dessen zu hören.

»Lasse!« fuhr er mich an. »Was treibst du da eigentlich?« Das kam so unerwartet, daß ich heftig zusammenzuckte und mein Kopf sich in die verkehrte Richtung bewegte.

»Aaaaoooh!« heulte ich auf.

»Still!« herrschte Asp mich an. »Wenn du meinst, du kannst so einfach abschreiben, hast du dich getäuscht!«

»Abschreiben?« fragte ich und versuchte nachzuschauen, ob er mich auf den Arm nehmen wollte, worauf ich ein neues Schmerzensgebrüll ausstieß.

Jetzt drehte ich den ganzen Körper, hielt aber den Kopf still. Da sah ich ihn. Meine Schreie hatten ihn wohl erschreckt. Er hatte eine etwas ungesunde Gesichtsfarbe.

»Stell dich nicht so an!« sagte er. »Ich habe deutlich gesehen, daß du die ganze Zeit von Mårten abgeschrieben hast.«

»Ich habe überhaupt nicht abgeschrieben!«

Ich kapierte nicht, was er meinte. Zum erstenmal hatte ich ganz auf eigene Faust eine Klassenarbeit geschafft. Und ausgerechnet da beschuldigte er mich, abgeschrieben zu haben!

»Aha, du leugnest auch noch«, sagte Asp. »Glaubst du etwa, ich sei ein Idiot?«

Jetzt lachte Pucko. Er mußte wohl an diesen Zettel denken, den Asp sich unters Kinn gehalten hatte. Pucko war damals zwar nicht in der Schule gewesen, hatte aber davon gehört. Und ich lachte ebenfalls. Denn plötzlich fiel mir ein, daß an allem ja nur mein steifer Hals schuld war.

»Nein, es ist nur so, daß der Kopf ein bißchen verdreht ist!« erklärte ich.

Natürlich glaubte er, ich hätte mit dieser Bemerkung seinen Kopf gemeint.

»Mein Kopf, meine ich«, fuhr ich fort und lächelte. »Ich muß ihn so halten. Ich kann ihn nicht bewegen, weil ich einen steifen Hals habe.«

Das fanden Pucko und Danne sehr komisch und einfallsreich. Fiffi mußte ebenfalls lachen. Wenn es so weiterging, würden sie bald anfangen, Beifall zu klatschen. Aber es ging nicht so weiter.

»Ich werde deine Arbeit vorerst mal an mich nehmen«, sagte Asp.

Ich war wütend und enttäuscht.

»Sie glauben mir nicht?« sagte ich. »Dann sehen Sie doch selbst, wie weh es tut, wenn ich den Kopf zu bewegen versuche!«

Ich drehte den Kopf wütend nach links. Ich war außer mir.

»Aaaaooh!« brüllte ich noch lauter, als der Schmerz im Nacken zuschlug.

»Hör sofort auf!« befahl Asp.

»Entschuldigung«, sagte Gabriella. »Aber Sie brauchen doch nur Lasses Arbeit mit der von Mårten zu vergleichen, dann können Sie ja feststellen, daß er abgeschrieben hat.«

Gabriella klang entzückt. Endlich konnte sie mir heimzahlen, daß ich ihr ihre Bank weggenommen hatte. Zumindest glaubte sie das.

»Tun Sie das!« sagte ich. »Tun Sie das! Aaaaooh!«

Ich mußte Asp ins Lehrerzimmer begleiten. Die anderen folgten uns erwartungsvoll mit den Blicken. Fischpudding streckte zwei seiner stumpigen Finger in die Luft. Das bedeutete, daß ich einen großartigen Sieg davongetragen hatte. Und Pucko wackelte aufmunternd mit den Ohren.

Ich ging neben Asp durch den Flur. Er hielt die beiden Klassenarbeiten an den Leib gepreßt, als befürchtete er, daß ich sie klauen und damit abhauen könnte. Er sagte kein Wort, machte aber eine Miene, die ausdrückte, daß es keinen Unterschied machen würde, was auch immer in der Arbeit stünde.

Im Lehrerzimmer saßen die Lehrer und schlürften Kaffee aus Tassen, die ihre jeweiligen Namen trugen. Dann brauchten sie ihre Tassen nämlich nicht so oft zu spülen. Auf dem Tisch stand ein angeschnittener Hefezopf.

Die Lehrer sahen uns an.

Der Schulpsychologe beugte sich so weit vor, daß er fast eine Stricknadel in den durchtrainierten Schenkelmuskel des Turnlehrers gestochen hätte.

»Was hast du denn jetzt schon wieder angestellt?« fragte er, als wir vorbeigingen.

»Nichts«, antwortete ich.

Asp schob mich in eine etwas abgeschirmte Ecke. Dort würde uns niemand stören.

Er setzte sich hin und sah schweigend unsere Arbeiten durch. Mit einem zerkauten Kugelschreiber in der Hand nahm er Aufgabe für Aufgabe durch. Ab und zu setzte er einen kleinen Schnörkel aufs Papier und gab ein leichtes Grunzen von sich.

Dann lehnte er sich zurück.

Klick-klack, klick-klack, machte der Kugelscheiber, als er ihn mit dem Daumen hinein- und herausdrückte. Und das erinnerte mich an die Wecker im Kaufhaus.

Bald würde es losscheppern! Und das wollte ich unter keinen Umständen miterleben. Ich wäre am liebsten davongerannt, vielleicht in den dunklen kleinen Kartenraum hinein, um mich dort irgendwo zwischen Grönland und Australien zu verstecken.

»Allerhand«, sagte Asp. »Das ist wirklich allerhand!«

Natürlich. Er würde mich schon kleinkriegen.

Er machte ein ganz komisches Gesicht.

»Alle Aufgaben richtig«, sagte er leise. »Du hast alle Aufgaben richtig gelöst.«

Ich saß still da und sah ihn mit meinem schiefen Kopf an.

»Ich kann es kaum glauben«, sagte er. »Von Mårten kannst du nicht abgeschrieben haben. Seine Arbeit ist bei weitem nicht so gut.«

»Es war nur mein Nacken«, erklärte ich vorsichtig.

»Da muß ich mich entschuldigen«, sagte Asp und sah aufrichtig reumütig aus. »Aber was hätte ich glauben sollen? Ich begreife nicht, was mit dir passiert ist. Du hast wohl eingesehen, daß du dich ändern mußt, nicht wahr? Es lohnt sich eben doch, wenn man sich tüchtig ins Zeug legt. Was?«

»Klar«, sagte ich.

»Ich werde es der ganzen Klasse mitteilen, daß ich mich geirrt habe«, fuhr Asp fort. »Und mit dem Rektor werde ich auch sprechen. Da freust du dich doch, was?«

Ich wollte schon »Ja« sagen, doch da klopfte er mir gerade herzhaft auf den Rücken.

»Aaaaooh!« jaulte ich.

»Entschuldige«, sagte Asp.

Mit Tränen in den Augen versuchte ich zu lächeln, da läutete es. Die Pause war zu Ende.

»Bestimmt möchtest du ein Stückchen Hefezopf?« fragte Asp.

»Ja, bitte«, sagte ich.

Ich war wie berauscht. Im Lehrerzimmer zu sitzen, Hefezopf zu essen und mit seinem Lehrer den Himbeersaft des Schulpsychologen auszutrinken, während die anderen im Klassenzimmer saßen und auf einen warteten – das war doch wohl der absolute Gipfel der Gefühle!

Mir war ganz schwindelig von meinem Erfolg. Den restlichen Tag saß ich nur da und lächelte konstant nach rechts, bis Mårten fast wahnsinnig wurde. Asp hatte sich tatsächlich vor der Klasse bei mir entschuldigt, weil er mich des Abschreibens verdächtigt habe.

Ich war der Held des Tages.

Die ordentlichen kleinen Streber schauten mich mit ehrfurchtsvollen Blicken an. Asp betrachtete mich wie eine Art Wunder. Und die Räuber mit Pucko an der Spitze waren fast noch beeindruckter. Ich hatte Asp auf irgendeine wunderbare Art überlistet, die sie sich nicht erklären konnten.

»Du hast die Arbeiten vertauscht, was?« schlug Fiffi vor und verzog ihre vampirfarbenen Lippen zu einem Lächeln. »Hast deinen Namen auf seine Arbeit und seinen auf deine geschrieben, was? Mensch, da wär ich nie draufgekommen!«

»Quatsch!« schnaubte Danne. »Und wann hätte er das tun sollen? Du glaubst doch wohl nicht im Ernst, daß Asp die Arbeiten aus den Augen gelassen hätte? Nein, Lasse war letzte Woche irgendwann mal im Lehrerzimmer und hat dabei zufällig die Arbeiten gefunden. Gib's zu! Dann hast du irgendeinen cleveren Typen dazu gebracht, sie zu lösen, und hast die Arbeit fertiggeschrieben in die Schule mitgebracht. Stimmt's, he?«

Sie zerbrachen sich ihre Schädel, bis sie fast platzten, um

herauszufinden, wie ich es wohl angestellt hatte. Das einzige, worauf sie nicht kamen, war, daß ich gebüffelt haben und es auf die Art geschafft haben könnte.

Als ich das sagte, wieherten sie nur.

»Er will nicht damit herausrücken«, sagte Fischpudding und versuchte seinem grauweißen Gesicht einen listigen Ausdruck zu verleihen.

Nach und nach verschwanden sie in verschiedene Richtungen. Nur Pucko blieb noch zurück.

»Wie geht's Blackie?« fragte er.

»Gut«, sagte ich.

»Wie wär's, wenn wir zu dir zischten, dann könnte ich ihn wieder mal besuchen?« fragte Pucko. »Es ist jetzt ziemlich lang her!«

»Ein andermal«, sagte ich.

»Okay.«

Er warf mir einen prüfenden Blick zu, sagte aber nichts. Und ich nahm mein Snobköfferchen und begann langsam nach Hause zu gehen.

Ich nahm den Weg durch den Wald, weil ich niemandem begegnen wollte.

Der Weg durch den Wald war eigentlich eine Abkürzung. Aber jetzt war der Pfad voller Schnee, Matsch und Eis. Ich überquerte die Wiese. Obwohl es schon taute, glitten immer noch ein paar Skifahrer den Hang hinunter.

Als ich in den Wald kam, erblickte ich einen blauen Dufflecoat.

»Tina! Warte!« rief ich.

»Wohin gehst du?« fragte sie, als ich sie eingeholt hatte.

»Nach Hause«, sagte ich. »Und du?«

»Zu einer Freundin.«

Ein Stück weit hatten wir denselben Weg. Die Kiefernkronen waren voller Schnee und schwebten wie schwere weiße Wolken über uns. Und ich pfiff eines der alten Lieblingslieder meines Vaters, ›You're a heartbreaker‹.

Tina hängte sich bei mir ein. Und ich sah sie ununterbrochen an. Sie ging nämlich auf meiner rechten Seite, und ich konnte nirgends anders hinsehen. Ab und zu vergewisserte sie sich, ob ich sie immer noch anschaute, und lächelte, weil ich es tat.

Es war höllisch schwierig, sich auf diese Art vorwärtszubewegen, ohne zu sehen, wohin man seine Füße setzte. Der Pfad war voller verräterischer Steine und vereister Wurzeln, die sich unterm Schneematsch verbargen.

»Hast du das, was du damals gesagt hast, wirklich ernst gemeint?« fragte Tina plötzlich.

»Was denn?« fragte ich.

Sie hatte meinen Arm losgelassen. Und meine italienischen Ledersohlen rutschten auf einer der glitschigen Wurzeln aus. Ich packte Tina, um nicht auf der Nase zu landen. So blieben wir einander gegenüber unter dem Baum stehen, den man allgemein den Liebesbaum nannte. Aber eigentlich bestand er aus zwei Bäumen, deren Zweige so zusammengewachsen waren, daß sie eine Art Tor bildeten.

»Daß du mich gern hast«, sagte Tina.

Es dauerte ein Weilchen, bis ich kapierte, was sie meinte. Dann ging mir ein Licht auf! Ich hatte damals etwas vor mich hin gemurmelt, als wir an meinem zugeschneiten Vater vorbeigegangen waren.

»Ich wollte nicht, daß du das hörst«, sagte ich.

»Aber das habe ich«, sagte sie und kam noch näher.

So standen wir da und schauten uns eine Ewigkeit lang an. Der Wind sauste leicht in den Kiefernwipfeln, und ich fühlte Tinas Atem auf meiner wunden Nase. Sollte sie doch glauben, was sie wollte. Sie hatte die Hände auf meine Schultern gelegt, damit ich nicht noch einmal ausrutschte, und mein Gesicht schien sich dem ihren von ganz allein zu nähern.

Da hörte ich Schritte hinter mir.

»Was machst du da eigentlich?«

Es war Lollo.

Tina trat zurück.

»Lollo!« sagte ich.

»Hast du schon wieder einen Anfall?« fragte Lollo.

»Wieso?« sagte ich und spürte, daß ich rot wurde.

»Er kann nichts dafür«, sagte sie zu Tina.

»Wofür?« fragte Tina.

»Er hat irgendeine Hormonstörung«, sagte sie.

»Was soll das heißen – Hormonstörung?« fragte Tina. »Wovon sprichst du eigentlich?«

»Wenn es losgeht, wird er immer ganz komisch«, sagte Lollo. »Er rast wie wild durch die Gegend und sagt allen Mädchen, daß er sie liebt, und versucht sie zu küssen. Wenn du wüßtest, was ich für einen blauen Fleck auf der Brust habe!«

»Lollo!« sagte ich. »Ich warne dich!«

»Da hörst du's!« sagte Lollo zu Tina.

Dann nahm sie mich am Arm, als wäre sie eine Art Krankenschwester, die einen Kranken wegführt.

»Es ist bestimmt besser, wenn du jetzt mitkommst, Lasse«, sagte sie mit sanfter Krankenschwesternstimme. »Sonst erzähle ich Papa, was du unterm Bett hast!«

Mein Gesicht war siedend heiß, als ob ich tatsächlich gerade einen Anfall gehabt hätte. Aber ich konnte gar nichts tun. Ich wußte, daß sie direkt zu Torstensson marschieren und ihm von Blackie erzählen würde, wenn ich nicht tat, was sie sagte. Und das würde für Blackie das Ende bedeuten.

»Lasse«, sagte Tina.

Aber ich ging nur schweigend mit Lollo davon.

Als wir an die Stelle kamen, wo der Pfad eine Biegung machte, drehte ich mich um, obwohl mir dabei der Nacken schier abzubrechen drohte.

Doch da war Tina schon verschwunden.

10

Ich sah zum Fenster hinaus.

Der Skihang war grün, und die Birken, die ihn säumten, hatten, fast ohne daß ich es bemerkt hatte, plötzlich frisch ausgeschlagene Blätter.

Die Sonne tat ihr Bestes, um die letzten vereinzelten kleinen Schneeflecken wegzuschmelzen. Es war schon fast Mitte April. Viele Wochen waren seit jenem Tag vergangen, als ich im Lehrerzimmer saß, mich mit Hefezopf vollstopfte, den Himbeersaft des Schulpsychologen trank und zum erstenmal zeigte, was in mir steckte – das war derselbe Tag gewesen, an dem ich Tina fast geküßt hätte.

Seither hatte ich niemanden geküßt.

Es war eine triste Zeit gewesen.

Tina wich mir aus. Kaum kam ich in ihre Nähe, wandte sie sich ab. Pucko sah vermutlich, wie ich litt, er tat nämlich alles Erdenkliche, um mich aufzumöbeln. Er versuchte mich ins Café mitzuschleppen, um dort mit mir zu flippern, oder in die Stadt, um in die Zoohandlung zu gehen, wo es Piranhas zu kaufen gab. Aber ich hatte irgendwie die Lust verloren. Ein paarmal war ich mitgegangen und hatte geflippert, hatte aber nicht einmal die Hälfte meiner üblichen Resultate geschafft.

»Was ist eigentlich mit dir los?« hatte Pucko gefragt.

»Nichts«, hatte ich geantwortet.

»Da stinkt doch irgendwas!« hatte Pucko gesagt. »Rück endlich damit raus, Lasse!«

»Ach was«, wehrte ich ab. »Ich versuche nur, mit der Penne klarzukommen. Hab keine Zeit mehr, in der Stadt herumzualbern. Oder hier am Flipper rumzuhängen. Kapiert?«

Er sah mich an, als wäre mein Gehirn von irgendeiner gefährlichen Krankheit befallen, die mich die unbegreiflichsten Sachen äußern ließ.

»Ich wußte doch, daß irgendwas Beschissenes los ist!« seufzte er. »Das ist ja wirklich das Letzte!«

Und dabei wollte ich doch nur zeigen, daß Typen wie ich und er und Fischpudding und mein Vater nicht vernagelter waren als alle anderen. Aber das wußte er wohl schon.

Auf dem Schulhof stand ich jetzt meistens für mich allein in meinen feinen neuen Kleidern, die sich inzwischen nicht mehr besonders neu anfühlten, steckte die Nase in irgendein Schulbuch und versuchte, nicht nach Tina zu schauen.

Ich wandte den Blick von den Birken und sah Asp an. Er machte ein ausgesprochen bekümmertes Gesicht. Niemand konnte so gut wie er bekümmert aussehen. Sogar der Faltenwurf seines Hosenhinterns sah niedergeschlagen aus.

»Du hast deine Hausaufgaben nicht gemacht. Nicht wahr?«

Einen Augenblick streiften seine Augen mich. Dann wanderten sie wieder zur hinteren Bankreihe zurück.

»Nun ja, Peter,« sagte er und sah Pucko an. »Dann werden wir wohl statt dessen Lasse fragen müssen!«

»Tun Sie das!« schnaubte Pucko verächtlich. »Tun Sie das. Der kann es bestimmt.«

Das klang, als würde er Asp, mich und die ganze Schule am liebsten in einem der spanischen Flüsse ertränken, nach denen Asp gefragt hatte.

»Mal sehen«, sagte Asp.

Und ich legte los:

»Ebro«, sagte ich. »Miño, Duero, Tajo, Guadiana, Guadalquivir, Segura, Júcar und Guadalaviar.«

Mit jedem Fluß wuchs das kitzelnde Gefühl im Magen. Es war jedesmal dasselbe. Ich konnte es nicht lassen, obwohl ich wußte, daß ich es lieber nicht tun sollte. Und ich hörte diesen überlegenen Tonfall in meiner Stimme, der Pucko ärgern sollte.

Ich ratterte sie allesamt herunter, sogar diese mickrigen Flüßchen, die wir überhaupt nicht können mußten. Das hatte ich von Torstensson gelernt. Wenn man etwas kann, was man nicht zu wissen braucht, werden die Lehrer ganz selig. In letzter Zeit hatte ich eine Menge von Torstensson gelernt. Ich hatte gelernt, welche Art von Fragen bei Arbeiten drankamen. Ich hatte es gelernt, bei normalen Fragen gleichgültig und uninteressiert dreinzuschauen, um mich dann zu melden, wenn Dinge gefragt wurden, die nicht in den Büchern standen, sondern die wir in Torstenssons Nachschlagewerken nachgelesen hatten.

Ich konnte in Asps Augen immer neue, immer höhere Punktezahlen aufleuchten sehen. Ich war inzwischen sein ganz besonderer Liebling geworden. Es gab immer noch bessere Schüler als mich, aber keinen, der vorher so abgrundschlecht gewesen war wie ich.

In Asps Augen war es die reinste Zauberei. Und Asp sah sich selbst als den großen Zauberer. Er hatte nur mit dem Zeigefinger in der Luft herumgefuchtelt und mir gesagt, ich müsse mich zusammennehmen, und prompt war ich wie ein geniales Kaninchen aus seinem Zylinder gehüpft. Und dieses Kaninchen liebte er nun aufrichtig.

»Nun, was sagst du, Peter?« sagte er. »So könntest du doch auch arbeiten!«

»Was?« stieß Pucko aus.

»Wenn du dich zusammennehmen würdest, könntest du genauso gut werden.«

»Ich?« stotterte Pucko.

»Genau«, sagte Asp. »Das liegt durchaus im Bereich des Möglichen.«

»Wie Lasse?« wollte Pucko wissen.

»O ja«, bestätigte Asp. »Wenn du dich nur etwas anstrengst!«

»Würde ich werden wie er?«

»Ja klar. Man muß nur Kampfgeist zeigen!«

»Nie im Leben!« fauchte Pucko.

Aber Asp gab nicht auf. War es möglich gewesen, mich auf den rechten Weg zu bringen, müßte es doch auch bei Pucko gehen.

»Doch, doch«, sagte er. »Du mußt es nur wirklich wollen!«

Kurze Zeit war es ganz still – Asps freundliches Pfadfinderlächeln, die Blicke der anderen und die spanischen Flüsse, die ich aufgezählt hatte und die jetzt durch die Stille hallten –, am liebsten wäre ich im Boden versunken.

»Na, was meinst du dazu?« fragte Asp schließlich.

Da stand Pucko auf.

»Haben Sie das denn immer noch nicht geschnallt?« fragte er. »Ich will nicht so werden wie der! Nie im Leben! So ein stinkfader Fatzke möchte ich nie werden!«

»Was sagst du da?« fragte Asp.

Er sah verwirrt und schockiert aus. Es wollte ihm einfach nicht in den Schädel, daß nicht alle davon träumten, kleine Streber zu werden. Seine Ohren liefen rot an, und meine vermutlich ebenfalls.

»Der ist ja noch schlimmer als Gabriella«, sagte Pucko.

Er sagte es mit leiser, trauriger Stimme, als bedauerte er, das sagen zu müssen. Und ich wußte, daß er recht hatte. Fiffi, Danne und Fischpudding wußten es auch. Und Tina vermutlich auch.

Der einzige, der es nicht wußte, war wohl Asp.

»Du gehst wohl am besten ein Weilchen vor die Tür, bis du dich beruhigt hast«, sagte er.

Als er das sagte, war Pucko schon unterwegs. Diesmal warf er nicht wie sonst alle Bänke in seiner Reichweite um, sondern ging langsam und mit ernstem Gesicht nach vorn. Die Schirmmütze hielt er in der Hand, und die schwarze Lederjacke hing ihm über die Schulter.

Neben meiner Bank blieb er stehen.

»Mensch, komm mit«, flüsterte er.

Es war, als wollte er mir eine letzte Chance geben, ihm zu beweisen, daß ich nicht wie Gabriella war. Wahrscheinlich hoffte er immer noch, daß ich die Brille an die Tafel schmettern, aufstehen und ihm durch die Tür hinaus folgen würde, ins freie, wilde Leben hinaus.

Er nickte leicht zur Tür hinüber. Und ich schüttelte den Kopf.

Da ging er.

Er hatte die Tür schon aufgemacht, als er sich noch einmal umdrehte und mir einen letzten Blick zuwarf, während er sich die Schirmmütze übers Haar stülpte.

»Nur noch eins, Lasse«, sagte er. »Ich möchte Blackie zurückhaben. Ich will nicht, daß er bei dir bleibt!«

Damit schloß er die Tür hinter sich, und das, was er gesagt hatte, blieb im Raum hängen. Asp steckte sich einen zuckerfreien Kaugummi in den Mund. Der Kreidestaub schwebte in der Luft. Und wir erhielten die Aufgabe, herauszufinden, wieviel es im Laufe eines Jahres in der Gegend von Valencia regnet.

Ich stand draußen in der Sonne und fühlte mich elend.

Die italienischen Schuhe ließen das Schmelzwasser durch, und ich sah, wie alle anderen mit munterem Gelächter davonzogen. Nur ich blieb zurück. Und ich hatte keinen besonderen Grund zu lachen. Ich hätte mich auf den Heimweg machen sollen. Dennoch blieb ich stehen und zwinkerte in die funkelnden Wasserpfützen. Was hatte ich daheim schon verloren? Torstensson würde noch ein paar Stunden in seiner Praxis sein, meine Mutter war in der Stadt beim Friseur, da wir heute abend eingeladen waren. Mit Lollo allein im Haus zu sein verlockte mich nicht besonders. Man konnte nie wissen, was sie sich einfallen lassen würde.

Hinterm Speisesaal sah ich Tina. Sie ging Arm in Arm mit Gittan, und ihr helles Haar strahlte im Sonnenlicht. Obwohl ich wußte, daß es sinnlos war, winkte ich ihr. Unsere Spaziergänge, als wir nebeneinander hergegangen waren und nicht gewußt hatten, was wir sagen sollten, fehlten mir sehr. Und es war mir unerklärlich, was sie an dieser Kichererbse finden konnte, bei der sie sich eingehängt hatte.

Tina tat, als wäre ich Luft.

Gabriella dagegen winkte mir. Sie stand hinter Tina und Gittan und glaubte wohl, ich hätte sie gemeint. Und jetzt kam sie mit federnden Känguruhschritten auf mich zu und schenkte mir ein fürchterliches Lächeln unter ihrer rosa Filzmütze hervor.

»Hallo!« rief sie mit ihrer hellen Stimme, die mir kalte Schauer über den Rücken jagte.

Ich bückte mich rasch und versuchte mich unsichtbar zu machen, indem ich meine Schuhe zuband. Es gab wohl kaum einen Menschen, mit dem ich weniger Lust zu reden gehabt hätte als Gabriella. Ich wollte einfach noch ein Weilchen auf dem Schulhof herumstehen und abwarten, ob Pucko nicht doch noch auftauchen würde.

Als ich mich endlich wieder aufrichtete, blickte ich in Gabriellas blasse Augen. Ihr sommersprossiges Gesicht lächelte mir entgegen.

»Hallo«, sagte ich.

»Wartest du auf jemanden?« wollte sie wissen.

»Nein«, sagte ich. »Ich stehe nur so hier herum.«

»Aha«, sagte sie.

Ich versuchte, mich unauffällig zu verdrücken. Doch da legte sie ihren Handschuh auf meinen Arm. Es war ein grüner gestrickter Handschuh, der an einen kleinen Frosch erinnerte.

»Du bist doch hoffentlich nicht traurig?« fragte sie.

»Warum sollte ich traurig sein?« entgegnete ich möglichst fröhlich.

»Wegen der Sachen, die er gesagt hat!«

»Wer?«

»Pucko«, stieß sie verächtlich hervor. »Der ist ja echt unmöglich, was?«

»Einfach verabscheuungswürdig«, sagte ich.

»Dann machst du dir also nichts daraus?« fragte sie.

»Der ist mir doch scheißegal!« behauptete ich.

Das sagte ich, während ich an all die herrlichen Streiche dachte, die Pucko und ich gemeinsam gemacht hatten. An die Kartoffeln, die wir in die Auspuffrohre der Autos gesteckt hatten, an die Knaller, die wir in die Briefkästen geworfen hatten, an unsere immer neuen Entdeckungsreisen in die Kaufhäuser und unsere Weltraumfahrten in den Aufzügen der Hochhäuser.

Jetzt war mit alledem Schluß. Jetzt hatte ich statt dessen Gabriellas Froschhandschuh auf dem Arm. Sie drückte damit zu.

»Mir ist er auch scheißegal«, sagte sie und machte ein Gesicht, als hätte sie etwas Verbotenes und Verlockendes in den Mund genommen. »Komm doch mit mir nach Hause, dann können wir miteinander Geschichte lernen.«

Wirklich ein bombiges Angebot!

»Tut mir leid«, sagte ich. »Aber wir sind heute abend beim Rektor eingeladen.«

»Donnerwetter«, sagte sie. »Dann eben ein andermal.«

»Ja, genau«, sagte ich und versuchte mich von dem Handschuh zu befreien.

Unsere Arme wippten auf und ab, und ich sah, daß Tina und Gittan uns beobachteten. Ich war mir fast sicher, daß Tina gerade dabei war, Gittan etwas über meine Hormone zu erzählen. Jetzt wird Gittan gleich anfangen loszuwiehern, dachte ich. Und das tat sie auch.

»Jetzt muß ich loszischen!« erklärte ich und riß meinen Arm an mich. »Schade, daß ich nicht mitkann.«

»Verdammt schade«, sagte Gabriella und lächelte.

Da rannte ich los.

Vor der Turnhalle wäre ich fast von Freddes hellblauem Rennrad überfahren worden. Er kam mit dem Geschichtsbuch auf dem Gepäckträger angedampft und peilte Gariellas rosa Baskenmütze an. Wahrscheinlich sah er seine Chance, sie nach Hause zu begleiten und mit ihr in ihrem Zimmer Jahreszahlen pauken zu können.

Ich schielte neidisch hinter ihm her. Von so einem Fahrrad hatte ich immer geträumt.

Die Abendsonne leuchtete rot wie ein Pavianhintern, als wir uns auf den Weg machten.

Der Rektor wohnte in der Nähe der Reithalle. Die Reithalle war einer meiner Lieblingsaufenthalte gewesen, als ich klein war. Ich mochte den Geruch und den Ausdruck der Pferdegesichter und die Tatsache, daß immer so viele Mädchen da waren.

Wir gingen zu Fuß zum Rektor und nahmen den Weg durch den Wald. Meine Mutter hatte wohl keine Lust, meinem Vater zu begegnen. Und Torstensson auch nicht. Er ging mit Lollo voraus. Und meine Mutter und ich kamen hinterher. Meine Mutter und ich waren nicht besonders viel miteinander allein gewesen, seit wir in Torstenssons Haus eingezogen waren. Mir hatte vor allem Torstensson Gesellschaft geleistet.

Ich schloß die Augen und ließ mich von meiner Mutter führen. Das war ein Spiel, das wir früher oft gespielt hatten, als ich klein war und sie und ich und mein Vater abends noch einen Spaziergang gemacht hatten.

»Paß auf den Gehwegrand auf«, sagte meine Mutter ab und zu. Sonst schwiegen wir. In der Dunkelheit hörte ich die U-Bahn hinter dem Wald vorüberrasseln und eine Amsel singen.

Wenn man die Augen schließt, werden alle Geräusche viel deutlicher. Auch die Gerüche werden kräftiger. Der Duft vom Parfüm meiner Mutter vermischte sich mit dem Geruch nach verbranntem Laub und dem Qualm von Torstenssons Zigarillo.

Als es anfing, nach Pferd zu riechen, waren wir beim Rektor angelangt.

»Nein, so was«, sagte die Frau des Rektors, als wir bei ihr eintraten. »Man kann ja kaum glauben, daß es derselbe Junge ist!«

Seit damals, als ich betrunken mit meinem stoppeligen Schädel in ihre Arme getorkelt war, hatte sie mich nicht mehr gesehen. Diesmal torkelte ich ihr nicht in die Arme. Und einen alten Elvispulli hatte ich auch nicht an. Ich trug ein Jackett und hatte ordentlich gekämmte Haare.

»Nein, tatsächlich nicht«, bestätigte der Rektor und musterte mich eingehend.

»Das ist er auch nicht«, gluckste Torstensson. »Das hier ist ein Junge, den ihr bisher noch nie gesehen habt.«

Er drehte mich hin und her, und der Stolz leuchtete ihm aus den Augen.

»Hör auf damit«, sagte meine Mutter und nahm seine Hände von mir weg. »Natürlich ist er noch derselbe.«

Dann legte sie mir den Arm um die Schultern und ging neben mir die Treppe zum Eßzimmer hinauf. Sie hatte den Lippenstift benützt, den ich ihr zu Weihnachten geschenkt hatte. Ihr Bauch war inzwischen ganz schön rund. Und auch ihre Wangen waren runder geworden, was ihr gut stand, wie ich fand.

Das Abendessen war vorbei. Zwischen den Happen hatte Torstensson den Rektor und die Frau des Rektors mit Geschichten aus meiner traurigen Kindheit unterhalten. Er liebte es, darüber zu reden, wie schwer ich es gehabt hatte. Fröhlich berichtete er, wie ich ihn bei unserer ersten Begegnung in den Bauch gebissen hatte. So wie er es schilderte, klang es, als wäre ich so ausgehungert gewesen, daß ich über fremde Menschen in Kaufhäusern hergefallen war und versucht hatte, sie aufzufressen.

Meine Mutter hatte ihm gesagt, er solle aufhören. So schlimm sei es nicht gewesen. Doch das paßte Torstensson ganz und gar nicht in den Kram. Ich sollte etwas sein, das er ganz allein, ohne fremdes Zutun, geschaffen hatte.

Jetzt stand ich im Wohnzimmer des Rektors neben einem Glasschrank, in dem eine Menge kleiner Puppen in Volkstrachten ausgestellt waren. Sie schauten alle mit leerem Blick geradeaus und waren genauso ordentlich frisiert wie ich. Aber ich interessierte mich nicht für die Puppen, sondern für das Glas, in dem Torstensson und der Rektor sich spiegelten.

Sie saßen sich in zwei Ledersesseln gegenüber und unterhielten sich mit gedämpften Stimmen.

Meine Mutter und die Frau des Rektors machten eine Tour durchs Haus, um die vielen Kinkerlitzchen anzuschauen. Die Frau des Rektors war verrückt danach. Im ganzen Haus wimmelte es von Nippes. Vielleicht träumte sie davon, selbst wie eine Porzellanpuppe mit zerbrechlichen kleinen Fingern auszusehen, anstatt einer Diskuswerferin aus dem Ostblock zu ähneln.

Und Lollo hatte sich eines der dicken Bücher des Rektors aus dem Regal geholt und versuchte den Eindruck zu erwecken, als würde sie es im Rekordtempo durchlesen, während der Rektor und Torstensson sich über mich unterhielten. Worüber hätten sie auch sonst reden sollen?

»Er hat gekämpft wie ein kleines Tier«, sagte Torstensson.

»Sein Lehrer hat es mir erzählt«, murmelte der Rektor. »Wenn nur die Hälfte seiner Lobeshymnen zutreffen, wäre es schon das reinste Wunder. In manchen Fächern hinkt er noch hinterher, aber das war ja nicht anders zu erwarten.«

»Natürlich«, sagte Torstensson. »Aber sag doch selbst: Ist es nicht eine phantastische Veränderung?«

»Doch«, gab der Rektor zu. »Und wenn er die Naturkundeprüfung am Montag genauso gut schafft wie das meiste andere, muß ich zugeben, daß du diese Wette gewonnen hast.« Dann verstummten sie. Meine Mutter und die Frau des Rektors kamen zurück, während ich über das, was ich soeben gehört hatte, nachdachte. Am Montag würde es also entschieden werden. Ich wandte mich gerade vom Glasschrank ab, als der Rektor kam und seine erstaunlich kleine Hand auf meine Schulter legte.

»Na du, Lasse«, sagte er. »Möchte nur wissen, was aus

dir einmal werden wird. Du scheinst ja sehr tüchtig geworden zu sein.«

»Radrennfahrer«, sagte ich.

Seit mein Vater und ich beim Enskederennen gewesen waren, war das immer mein Traum gewesen. Ich war mit offenem Mund dagestanden und hatte die Radfahrer in einer einzigen Wolke aus Pedalen, Lenkstangen und bunten Trikots vorbeisausen sehen. Danach hatte mein Vater einen alten Rennlenker vom Schrottplatz mitgebracht, und ich hatte die Schutzbleche von meinem alten Fahrrad abgeschraubt.

Dann war ich durch Stureby, Älvsjö und Örby gejagt, während der Regen herabpeitschte, bis meine Beine sich wie weich gekochte Spaghetti anfühlten und mein gestreiftes Siegertrikot auf dem Rücken nur aus festgebackenem Lehm bestand und der Jubel der eingebildeten Zuschauer von der säuerlichen Stimme meiner Mutter unterbrochen wurde, als sie mich in Empfang nahm.

Profiradrennfahrer – konnte man überhaupt etwas Besseres werden?

Doch diese Ansicht schienen die anderen nicht zu teilen. Sie lachten aus vollem Hals. Nur Lollo machte ein finsteres Gesicht, wie immer, wenn sich alles um mich drehte.

Draußen war es dunkel wie in der Mondscheinhalle, als ich nach Hause ging.

Die anderen hatten ein Taxi genommen. Aber ich wollte es nicht riskieren, wieder diesem einen Taxifahrer über den Weg zu laufen, der mich für nicht ganz richtig im Kopf hielt. Außerdem brauchte ich frische Luft. Eine Zeitlang hatte ich geglaubt, daß meine Mutter mitkommen würde. Aber sie war wohl zu müde.

Ich dachte an die Prüfung am Montag. Und ich dachte an das, was danach kommen würde. Ich war so in meine Gedanken vertieft, daß ich nicht merkte, wohin mich meine Beine trugen; ich sah den Mond nicht, der hoch über mir leuchtete, und ich nahm den Rauch nicht wahr, der immer noch in der Luft hing.

Erst als ich die Hand in die Hosentasche steckte und den kalten gezackten Rand des Schlüssels an den Fingern spürte, ging mir auf, wo ich war. Ich war Enskedevägen hinuntergegangen und stand jetzt vor dem vertrauten vergammelten Hauseingang, hinter dem ich nicht mehr wohnte. Fast hätte ich den Schlüssel ins Schloß gesteckt.

Schnell trat ich zurück. Plötzlich wurde mir kalt. Ich schaute an der Hauswand hoch.

In dem einen Fenster, aus dem mein Vater einmal vor Urzeiten einen Fernsehapparat geworfen hatte, war noch Licht. Es war nur angelehnt. Und durch den Fensterspalt konnte ich Elvis ›Any day now‹ singen hören, mit Geigen und Engelschören im Hintergrund. Mein Vater zeichnete sich wie ein dunkler Schatten gegen die helle Scheibe ab. Er bewegte sich langsam und schwer, wie ein tanzender Bär.

Ich blieb eine Zeitlang stehen. Aber er schaute nicht heraus. Und ich wagte nicht zu rufen. Also ging ich wieder nach Hause, während mir die Elvismelodie in den Ohren hallte. Die Straßenlampen leuchteten wie Heiligenscheine durch den nächtlichen Dunst. Ich hob ein paar Steine auf und versuchte die Lampen zu treffen.

11

»Bald ist das Schlimmste überstanden«, sagte Torstensson.

»Ja, vielleicht«, sagte ich.

Ich starrte ins Naturkundebuch, um zu verhindern, daß er etwas merkte. Der melancholische Magot schaute mich von seinem einsamen Felsen in Gibraltar aus an. Er schien sich ebenfalls über den kommenden Montag Sorgen zu machen. Und er schien in den letzten Nächten ebenfalls eher schlecht geschlafen zu haben.

Aber Torstensson war in Topform.

Den ganzen Samstag hatten wir damit verbracht, das Naturkundebuch von Anfang bis Ende durchzuackern. Wir hatten noch lange weitergemacht, nachdem meine Mutter ins Krankenhaus zum Nachtdienst gegangen war. Lollo hatte darauf gedrängt, daß wir ins Kino gehen sollten, wie Torstensson versprochen hatte.

»Das verschieben wir auf einen anderen Abend, ja?« hatte er gesagt. Daraufhin war sie alleine losgezogen, ohne ein Wort zu sagen. Und wir ochsten weiter und nahmen alle hinterlistigen Fragen durch, die im Buch behandelt wurden – zum Beispiel, welcher Vogel mit seinen Schwanzfedern einen blökenden Laut erzeugt oder wie alt eine Ameise werden kann. Ich hatte inzwischen Übung darin, mir jede Menge Informationen ins Hirn zu stopfen. Es ist unglaublich, wieviel da hineingeht!

Und Torstensson war zufrieden. Er schien völlig davon überzeugt, daß ich die Prüfung lässig bestehen würde. Und ich hatte keine Lust, ihm zu sagen, daß es bestimmt nicht so einfach werden würde, wie er glaubte.

»Wollen wir die Wechselblütler noch einmal durchnehmen?« fragte Torstensson.

»Von mir aus«, sagte ich.

Und ich begann von Blindschleichen, Schlangen und Fröschen zu erzählen, während die Sonne an diesem Sonntagvormittag immer höher stieg, Lollo endlich aufzuwachen begann und die Gedanken an den Montag und daran, was mich da erwartete, für kurze Zeit wegsanken.

Dennoch wußte ich die ganze Zeit, daß nichts so werden würde, wie Torstensson glaubte.

Lollo stand erst gegen Mittag auf. Sie kam die Treppe heruntergeklappert. Sie klapperte, als sie draußen in der Küche ihr Frühstück machte, und dann tat sie ihr Bestes, um mit der Zeitung zu rascheln und mit dem Teller und dem Löffel zu klappern. Scließlich kam sie zu uns ins Wohnzimmer.

»Sitzt ihr immer noch da?« sagte sie, als ob wir die ganze Nacht hier verbracht hätten.

»Hallo«, sagte Torstensson, ohne vom Buch aufzuschauen.

»Man fühlt sich wirklich sehr willkommen«, sagte Lollo.

»Was hast du gesagt, mein Schatz?« sagte Torstensson und hob den Blick von den selbstleuchtenden gelben Strichen, mit denen er besonders wichtige Stellen unterstrichen hatte.

»Nichts«, sagte Lollo.

Sie setzte sich ans Klavier an der gegenüberliegenden Wand und begann darauf herumzuhämmern. Das konnte sie gut. Sie drückte mit solcher Kraft auf die schwarzen und weißen Tasten, daß ihr Busen hüpfte; die Pedale betätigte sie ebenfalls sehr kräftig. Ich hörte nicht mehr, wonach Torstensson mich fragte.

»He, Lollo!« rief Torstensson. »Ein bißchen leiser, wenn ich bitten darf!«

Aber sie hämmerte mindestens so laut weiter wie zuvor.

»Es muß aber so klingen!« sagte sie und griff mit noch mehr Kraft in die Tasten.

Die Töne prallten wie harte Bälle an den Wänden ab. In meinen Ohren klang es großartig. Ich kannte das Stück. Es war von irgendeinem Polen, der schon tot war. Lollo hatte es schon öfter gespielt, aber so wie jetzt hatte es noch nie geklungen. Und ich mußte zugeben, daß sie recht hatte. Genau so mußte es gespielt werden!

Ich war geradezu ergriffen.

Bevor ich in Torstenssons Haus kam, hatte ich noch nie solche Musik gehört. Mein Vater bevorzugte amerikanische Melodien. Und wenn man ehrlich sein soll, besteht zwischen amerikanischer und polnischer Musik ein ziemlich großer Unterschied!

Lollos krauses rotes Haar wippte, während sie so spielte,

daß dieser tote Pole oben im Himmel es hören mußte. Torstensson war aufgestanden und schien nicht zu wissen, was er tun sollte. Ich selbst lehnte mich ins Sofa zurück und wollte gerade die Augen schließen, als ich sah, wie die Schlafzimmertür aufflog und meine Mutter mit flatterndem Nachthemd und aufgelösten Haaren ins Zimmer stürmte. Ihre Augen funkelten wild, als sie ihren runden Bauch aufs Klavier zu bewegte.

»Rita!« sagte Torstensson.

»Halt die Klappe!« sagte meine Mutter.

Es gab kaum etwas, was meine Mutter so sehr haßte, wie ausgerechnet dann gestört zu werden, wenn sie nach ihrem Nachtdienst endlich eingeschlafen war. Ich dachte daran, wie mein Vater und ich an solchen Vormittagen auf Zehenspitzen umhergeschlichen waren und nur geflüstert hatten. Am besten, man verduftete so schnell wie möglich und kam erst am Nachmittag wieder zurück. An solchen Tagen war ein Ausflug mit dem Auto sehr zu empfehlen.

»Jetzt hörst du sofort auf!« schrie sie in Lollos Lockenkrause hinein. »Du kannst ruhig aufhören. Ich bin jetzt wach!«

Als Lollo sich umdrehte, knallte meine Mutter den Klavierdeckel auf die Tasten, und Lollo konnte ihre Finger nur mit knapper Not noch retten.

Meine Mutter war wirklich außer sich! Ich glaube kaum, daß Torstensson sie je so gesehen hatte. Und Lollo auch nicht. Während der ganzen Zeit hier in Torstenssons Villa hatte sie sich geradezu unglaublich ruhig verhalten. Nicht ein einziges Mal hatte sie auch nur die Stimme erhoben. Vor allem dann nicht, wenn sie mit Lollo sprach. Selbst wenn Lollo ganz besonders schnoddrig war, hatte meine Mutter sich beherrscht und ihr neues Weißzahnlächeln gelächelt. Für mich war es fast beruhigend, sie wieder normal zu sehen.

Lollo war unter ihren roten Haaren blaß geworden. Sie

war so sehr in diese wilde polnische Musik vertieft gewesen, daß sie meine Mutter nicht hatte kommen hören. Aber sie faßte sich rasch wieder.

»Wie bitte?« sagte sie. »Darf ich etwa nicht in meinem eigenen Haus Klavier spielen?«

»Nein«, sagte meine Mutter. »Auf jeden Fall nicht, wenn ich zu schlafen versuche. Nicht, solange ich hier wohne.«

»Wenn du das nur nicht tätest!« fauchte Lollo. »Du nicht. Und dieses idiotische kleine Genie auch nicht!«

Dann stand sie auf und rauschte davon, bevor irgend jemand etwas sagen konnte. Sie wandte das Gesicht ab, so daß man nur die krausen Haare zur Treppe hinüberschaukeln sah und den geraden schmalen Rücken, den sie beim Gehen schwenkte. Dann war sie verschwunden.

»Bitte, Rita«, sagte Torstensson.

Aber meine Mutter war immer noch stinksauer. Wenn sie erst einmal stinksauer war, ging das nicht so schnell wieder vorbei. Doch das wußte Torstensson wohl nicht. Er bildete sich ein, es sei vorbei, und lächelte ihr begütigend zu, was nicht die richtige Art war.

»Und du!« fuhr meine Mutter ihn an. »Hättest du nicht dafür sorgen können, daß es hier still ist? Du hättest doch etwas mit den Kindern unternehmen können! Anstatt ewig mit Lasse über diesen ollen Büchern zu hocken! Kein Wunder, wenn sie da ärgerlich wird!«

»Willst du damit sagen, daß es meine Schuld ist?«

»Klar ist es das! Begreifst du denn nicht, daß sie sich ausgeschlossen fühlt?«

»Aber ich versuche Lasse doch nur dabei zu helfen, in der Schule mitzukommen«, sagte Torstensson gekränkt. »Ist das denn so verkehrt?«

»Er muß auch mal an die frische Luft kommen«, sagte meine Mutter. »Es ist nicht normal, so viel im Haus zu hokken. Ich werde mich jetzt anziehen, dann werde ich frühstücken. Und dann werde ich mit Lasse hinausgehen. Es ist deine Aufgabe, dich um Lollo zu kümmern!«

»Können wir denn nicht etwas gemeinsam unternehmen?«

»Nein!«

»Und du willst nicht vorher noch ein wenig schlafen?«

»Knallkopf«, sagte sie nur.

Und da wußte ich, daß es für diesmal überstanden war. Sie lächelte, aber nur ganz leicht, ohne den neuen Zahn zu zeigen, dann ging sie ins Schlafzimmer, um nach Kleidern zu suchen, in die ihr Bauch noch hineinpaßte. Und ich klappte das Naturkundebuch bei dem Bild mit dem traurigen Magot zu und wünschte fast, daß er mitkommen könnte.

Dem Magot hätte das sicher gefallen! Wir hingen hoch über der Erde in der Luft. Unter uns befanden sich die frisch ausgeschlagenen Blätter einer Linde. Und über uns fegten die Wolken über den Himmel. Sie hatten die gleiche Farbe wie der alte Sonntagsanzug meines Vaters. Als ich an der Stange in der Mitte des Blechkorbs, in dem wir saßen, drehte, konnte man ganz Stockholm mit seinen schmutzigen Häusern, seinen Kirchtürmen, Parks, Kaufhäusern, Fähren, Gewässern und Brücken im Kreis herumtanzen sehen. Ich rückte noch näher an meine Mutter, so daß ich ihren Bauch an meinem Ellenbogen spüren konnte.

Von mir aus hätte das Riesenrad ruhig streiken dürfen, dann wären wir in alle Ewigkeit hier oben hängengeblieben. Ich genoß es, so dazusitzen. Und meine Mutter schien sich ebenfalls wohl zu fühlen.

»Du lieber Himmel, bin ich wütend geworden! Das hatte ich nötig!« sagte sie mit einem breiten, glücklichen Grinsen.

»Es ist schon ziemlich lange her, seit dem letzten Mal«, sagte ich.

»Ich kann mich nicht einmal mehr daran erinnern«, sagte sie. »Aber manchmal ist er einfach so bescheuert, daß man wahnsinnig werden könnte.«

»Jaa . . .«

»Aber er wird's schon noch lernen«, meinte meine Mutter. »Auf jeden Fall tut es gut, ein Weilchen draußen zu sein. Nicht wahr?«

»Mmm«, sagte ich.

Sie legte den Arm um mich, während wir langsam Runde um Runde mit dem großen Rad drehten. Mit ihrem freien Arm zeigte sie in die Wolken hinauf.

»Bestimmt gibt es Regen«, sagte sie. »Sollen wir nach Hause fahren, was meinst du?«

»Never«, sagte ich. »Wir könnten doch ins Haus der Spiele gehen. Oder ins Lachkabinett, um die Leute in den verrückten Spiegeln anzuschauen. Oder irgendwo einen Kaffee trinken.«

Um nichs in der Welt wollte ich nach Hause. Ich wollte diesen Tag mit meiner Mutter verbringen. Das wollte ich, obwohl ich wußte, daß es hinterher nur noch schwieriger werden würde. Doch das war mir egal.

»Es scheint jedesmal dasselbe zu sein, wenn wir herkommen«, sagte sie.

Damit hatte sie recht. Wir waren jedes Frühjahr zum Vergnügungspark Gröna Lund gefahren, mein Vater, meine Mutter und ich. Und jedesmal hatte es geregnet. Das war also ganz in Ordnung. Das gehörte dazu.

Ich nickte und lehnte meinen Kopf an ihren Bauch. Und sie zauste mir die Haare, als wäre sie in Gedanken ganz woanders. Ich dachte an das Baby, das da drinnen lag. Es wog jetzt ungefähr anderthalb Kilo und war annähernd fünfunddreißig Zentimeter lang. Das hatte ich im Naturkundebuch gelesen.

»Bestimmt wird noch alles gut«, sagte meine Mutter. »Nicht wahr?«

»Guggeli-blubb-plupp«, sagte ich zu dem Bauch.

»Was hast du gesagt?« fragte meine Mutter.

»Nichts.«

Ich hatte keine Lust, darüber zu reden, wie alles werden

würde. Im Augenblick war alles gut, so wie es war. Und das mußte genügen.

Als wir nach Hause kamen, waren wir pudelnaß.

Als wir aus dem Riesenrad ausgestiegen waren, hatte es angefangen zu schütten. Und wir hatten noch all die Sachen gemacht, die ich vorgeschlagen hatte. Im Haus der Spiele hatten wir Jungle Lord und Black Knight und wie die Spiele alle heißen gespielt. Und dann hatte meine Mutter das Motorrad ausprobiert, das vorn einen kleinen Bildschirm hat, auf dem die Straße immer schneller davonrast und sich in schwindelerregenden Kurven schlängelt und wo immer wieder entgegenkommende Motorräder auftauchen, denen man ausweichen muß. Sie lenkte hin und her, den Bauch gegen den Benzintank gepreßt, die Hände um die Lenkstange geklammert, die Augen auf den Bildschirm gerichtet. Sie muß den Bahnrekord gebrochen haben. Ich hatte ja keine Ahnung gehabt, daß meine Mutter ein solcher Motorradprofi war!

Nachdem wir endlos lang im Lachkabinett umhergewandert waren, ohne daß der Regen irgendwelche Anzeichen machte, aufhören zu wollen, kümmerten wir uns schließlich nicht mehr darum. Es hatte keinen Sinn zu warten, bis es aufhörte. Der ganze Himmel hing voller schwarzer Wolken. Während die Leute bei den Losbuden unterstanden und im Restaurant Schutz suchten, zogen wir einfach weiter und machten alles, wozu wir Lust hatten – fuhren Disco Jet, Enterprise und Fliegender Teppich, bis wir vor lauter Geschrei und Gelächter ganz erledigt waren.

Als allerletztes fuhren wir Hully Gully. Das war schon immer mein Lieblingsfahrzeug gewesen. Während der Regen uns ins Gesicht peitschte, wirbelten wir darin herum, immer schneller, bis unsere Augen voller Tränen und Regen waren und meine Mutter mich ganz fest an sich preßte.

»Wo um alles in der Welt seid ihr gewesen?« fragte Torstensson, als wir in den Flur hereingestapft kamen.

Er starrte uns an. Unsere Kleider troffen, wir hatten zittrige Beine und konnten nicht aufhören zu kichern. Meiner Mutter war die Wimperntusche übers Gesicht gelaufen, und ihre Haare klebten ihr wie eine komische Mütze am Kopf.

»Im Völkerkundemuseum«, sagte meine Mutter und zwinkerte mir zu.

Dann lachten wir, bis Torstensson nicht mehr wußte, was er glauben sollte.

Es war ein guter Tag gewesen, der beste seit langem. Und an den morgigen Tag wollte ich noch gar nicht denken. Ich hatte die Mundharmonika hervorgeholt und versuchte ›Doncha think it's time‹ zu spielen, um die Gedanken fernzuhalten, als das Telefon läutete.

»Lasse! Es ist für dich!« rief Torstensson die Treppe hinauf.

Widerstrebend begab ich mich hinunter. Ich hatte keine Lust, mich mit jemand zu unterhalten. Ich wollte allein sein und an den schönen Tag denken, den ich heute verbracht hatte. Dennoch hielt ich den Hörer ans Ohr.

»Hallo«, sagte ich.

»Ich bin's«, sagte Pucko.

»Was willst du?« fragte ich, obwohl ich es genau wußte, als ich seine Stimme hörte.

»Ich möchte, daß du morgen Blackie in die Schule mitbringst«, sagte er.

»Das geht nicht«, wandte ich ein. »Mensch, Pucko. Ich habe ihn doch jetzt schon ewig lang versorgt. Der erinnert sich ja nicht mal an dich! Das ist nicht gut für ihn, Mann!«

»Aber es ist trotzdem noch meine Ratte«, sagte Pucko. »Und ich will ihn morgen zurückhaben!«

Dann legte er den Hörer auf.

Und ich hatte mir eingebildet, daß er's vielleicht vergessen hätte. Wenigstens hatte ich es gehofft. Und dann ruft er an und sagt, daß er Blackie morgen zurückhaben will, ausgerechnet morgen! Mir war klar, daß ich mich nicht mehr drücken konnte. Morgen kam ein haariger Tag auf mich zu. Langsam ging ich die Treppe hinauf. Heute nacht würde ich nicht viel Schlaf finden. Ich mußte über viel zu vieles nachdenken. Und das war nicht gerade meine Stärke.

12

Schließlich wurde es also Morgen. Dagegen konnte man gar nichts machen.

Die Sonne rollte wie eine Leuchtkugel in einem Vergnügungspark über den Himmel, und das Licht stach mir in die Augen. Ich war viel zu spät eingeschlafen. Und als ich endlich weggedämmert war, hatte ich unruhige Träume gehabt.

Eigentlich war es gar nicht nötig, daß ich mich so aufregte. Auch wenn Torstenssons letzter Schliff gestern durch meine Mutter unterbrochen worden war, müßte ich dennoch genügend können, um die Prüfung zu bestehen. So schlimm konnte es gar nicht werden. Dennoch fühlte ich mich denkbar unsicher. Ich wußte, daß es nicht einfach werden würde. Meistens verliefen die Dinge nicht so, wie man es sich vorgestellt hatte.

Ich hatte mich schon fein gemacht. Bald mußte ich mich auf den Weg machen. Bloß den Schlipsknoten hatte ich nicht geschafft. Das konnte ich genauso schlecht wie mein Vater. Sachte strich ich Blackie übers Fell und fühlte sein Herz gegen meine Hand klopfen. Ob er wohl ahnte, was ich mit ihm vorhatte? Vermutlich nicht. Er entschlüpfte meinem Griff und fing an, mit dem Schlips zu spielen, den ich mir lose um den Hals gehängt hatte. Er stieß seine Schnauze dagegen und bohrte seine Krallen hinein.

Wahrscheinlich glaubte er nur, daß wir einen kleinen Ausflug machen würden, als ich ihn in die rote Einkaufstasche meiner Mutter steckte.

»Tschüs, Blackie«, sagte ich, bevor ich den Reißverschluß zuzog.

Dann ging ich mit schweren Schritten zu den anderen in die Küche hinunter.

Sie saßen schon beim Frühstück.

Aber ich war nicht in der richtigen Verfassung, um zu frühstücken. Ich saß nur da und sah den Käse, die Eier und den Hackepeter an, die Torstensson aufgetischt hatte. Als niemand hersah, stibitzte ich ein Stückchen Käse und ein paar Scheiben Wurst, wickelte alles in Haushaltspapier und schob es in die Tasche.

»Mach dir keine Sorgen«, sagte Torstensson. »Ich bin überzeugt, daß alles einwandfrei klappen wird!«

Aber als er mich ansah, wich ich seinem Blick aus.

»Kannst du mir mit dem Schlips helfen?« fragte ich meine Mutter.

Und das tat sie. Sie stellte sich hinter mich und hantierte unglaublich geschickt an dem Schlips herum. Innerhalb eines Augenblicks saß er so, wie er sitzen sollte.

»So, das wär's«, sagte meine Mutter.

»Einsame Spitze«, sagte ich.

»Nimm das alles nur nicht so ernst«, flüsterte sie. »So wichtig ist es auch wieder nicht.«

»Nein«, sagte ich.

Aber ich wußte, daß sie sich irrte. Es war unglaublich wichtig.

»Viel Glück!« sagte Torstensson und blickte mir mit strahlenden Augen nach, als ich mit der roten Einkaufstasche in der Hand davonging.

Der Schulhof war leer. Ich hatte gehofft, daß Pucko auf mich warten und Blackie in Empfang nehmen würde, bevor das Theater losging. Aber er war nicht da, also ging ich weiter, ins Schulgebäude hinein, die ausgetretenen Steinstufen hinauf. Als ich am Lehrerzimmer vorbeikam, war die Tür nur angelehnt. Ich glaubte die Stimmen des Rektors und Herrn Asps zu hören. Bestimmt redeten sie über mich. Aber das war mir egal. Ich wollte nichts hören.

Im Korridor blinkte wie immer die Neonröhre. Und ich dachte daran, wie oft ich schon hier bei den Kleiderhaken herumgestanden war. Jetzt hängte ich meinen Mantel daran auf und versuchte die Tür zu öffnen.

Zum Glück war sie nicht verschlossen.

Das Klassenzimmer war noch leer. Ich ging zu meiner Bank und setzte mich hin. Dann zog ich den Reißverschluß der Einkaufstasche auf und holte Blackie heraus. Er zwinkerte in dem plötzlichen Licht, gähnte, daß man die spitzen Zähne in seinem Maul sehen konnte, und peitschte mit dem Schwanz.

Ich strich ihm über den Rücken, bis er ganz still auf dem Tisch lag.

»Wir werden es ihnen schon zeigen!« sagte ich. »Die werden ihr blaues Wunder erleben! Was, Blackie?«

Im selben Augenblick hörte ich draußen jemand an der Tür. Rasch steckte ich Blackie in die Bank, stopfte Wurst und Käse, die ich in der Tasche gehabt hatte, zu ihm hinein und klappte den Bankdeckel zu.

»Sei schön brav, Blackie«, sagte ich. »Bleib jetzt um alles in der Welt ruhig!«

Ich hatte mich gerade richtig hingesetzt, als Gabriella ins Klassenzimmer gestapft kam, ihre alberne Baskenmütze auf dem Kopf, das Naturkundebuch unterm Arm und ein fröhliches Lächeln auf den Lippen.

»Bist du schon da?« sagte sie.

»Jaa«, sagte ich.

»Ich bildete mir ein, ich hätte Stimmen gehört«, sagte sie und sah sich um, als erwartete sie, noch jemanden im Zimmer zu sehen.

Aber da war nur die Schautafel mit unseren häufigsten Zugvögeln.

Bald saßen alle an ihren Plätzen. Pucko war noch nicht da. Seit er letzte Woche abgefragt worden war, hatte er sich nicht mehr blicken lassen. Aber dafür war der Rektor da. Er hatte sich auf einen Stuhl neben der Tür gesetzt und die Augen auf mich gerichtet.

Alle wurden ein bißchen komisch, weil der Rektor anwesend war.

Selbst Asp war ganz anders als sonst. Er wand sich vor Verlegenheit, und seine Stimme klang, als hätte er einen Kaugummiklumpen verschluckt. Ab und zu lächelte er völlig grundlos und schaute zum Rektor hinüber. Das Ganze war sehr peinlich. Und wir Schüler benahmen uns auch nicht normal. Fiffi ließ ihren Bleistift mindestens hundertmal auf den Boden fallen, bis Asp sie bat, ihn in die Bank zu legen. Kilos rechtes Bein begann von selbst zu hüpfen. Das machte es immer, wenn Kilo unruhig wurde.

Und Fredde begann zu stottern, als er gefragt wurde, wie die Jungen der Seehunde genannt werden. Asp bekam einen roten Kopf, und Gittan begann so heftig zu kichern, daß sie nicht mehr aufhören konnte. Fredde tat mir leid, er wußte nämlich die richtige Antwort.

»Danne!« sagte Asp. »Kannst du nicht still auf deinem Stuhl sitzen? Ich begreife nicht, was in euch gefahren ist!«

Und dennoch gaben wir uns alle die größte Mühe, uns möglichst gut zu benehmen, damit Asp sich nicht mit uns blamierte. Aber je mehr wir uns bemühten, um so schlimmer wurde es.

Nach einer Weile ging die Tür auf. Es war Pucko. Als er den Rektor erblickte, hätte er fast den Rückwärtsgang eingelegt.

»Geh an deinen Platz«, sagte Asp nur.

Er fragte nicht einmal, wo Pucko die letzten beiden Tage gesteckt hatte. Als Pucko an meiner Bank vorbeiging, sah er mich an.

Und ich nickte.

Dann sollte es nicht mehr lange dauern, bis ich an die Reihe kam. Ich sah, wie Asp mich anschaute. Er hoffte wohl, daß ich die Situation retten würde. Und ich wußte, daß der Rektor um meinetwillen gekommen war.

Ich biß mir auf die Unterlippe.

»Lasse«, rief Asp mich auf.

Ich sah seine gutmütigen Augen und fühlte, daß es schwieriger werden würde, als ich es mir vorgestellt hatte.

»Kannst du uns für den Anfang ein paar Säugetiere nennen, die im Meer leben?« fuhr er mit einem Blick auf den Rektor fort.

Er lehnte sich auf seinem Stuhl zurück. Die Sonne schien zum Fenster herein. Das Fenster war angelehnt, da es dank der Sonne sehr warm im Zimmer war. Ich fühlte, wie mir der Schweiß ausbrach. Draußen saß eine Meise und pfiff vor sich hin.

Ich versuchte an überhaupt nichts zu denken.

»Lasse!« sagte Asp. »Du kannst jetzt anfangen!«

Dann wurde es ganz still. Das Gemurmel im Klassenzimmer verstummte. Kilos hüpfendes Bein hörte auf zu hüpfen. Bestimmt spürten alle, daß die Luft geladen war, wenn sie auch nicht wußten, woher das kam.

Ich vermied es, Asp anzuschauen. Und den Rektor mochte ich auch nicht ansehen. Ich konnte mir ohnehin sein dünnes, freudloses Lächeln vorstellen.

»Dann kannst du uns vielleicht erzählen, worin der Unterschied zwischen Warmblütlern und Wechselwarmblütlern besteht«, sagte Asp. »Darüber haben wir letzte Woche gesprochen, weißt du noch?«

O ja, das wußte ich noch!

Asps Stimme klang so flehend, daß es mich die allergrößte Mühe kostete, meinen Mund zuzukneifen. Ich biß mir so fest auf die Lippen, daß es schmerzte, um sie daran zu hindern, von Warmblütlern und Wechselwarmblütlern zu sprechen und dann auch noch gleich sämtliche Säugetiere des Meeres aufzuzählen.

Bald ist es überstanden, dachte ich. Nur noch ein kleines Weilchen, dann kann ich aufatmen!

»Hast du mich nicht gehört?« fragte Asp.

Er klang jetzt ausgesprochen beunruhigt.

»Doch«, sagte ich, obwohl es geradezu lebensgefährlich war, den Mund zu öffnen.

»Kannst du etwa nicht antworten?«

Ich schüttelte den Kopf.

Aus dem Augenwinkel sah ich, daß der Rektor auf die Uhr schaute. Meine Zeit war bald um. Jetzt räusperte er sich, als wollte er etwas sagen.

Aber Asp kam ihm zuvor.

»Die Flüsse Spaniens!« sagte er. »Zähle Spaniens Flüsse auf!«

Er war einmalig! Das gehörte überhaupt nicht in die Naturkunde. Er mogelte und hoffte, daß der Rektor nichts merken würde. Ich war so platt, daß ich zu ihm aufschauen mußte.

Da zwinkerte er mir mit einem beinahe spitzbübischen Gesichtsausdruck zu.

»Bedaure«, sagte ich leise. Asps Gesicht erlosch. Er sah sich hilflos um. Der Rektor hatte inzwischen das eine Bein übers andere geschlagen. Er musterte seine braunen Schuhe und bereitete sich darauf vor, aufzustehen. Mårten und Fredde grinsten vor sich hin. Endlich hatte ich mein wahres Gesicht gezeigt! Doch damit hatte ich gerechnet, das berührte mich nicht.

Die Sache mit Asp war schlimmer.

Er tat mir aufrichtig leid. Ich wollte ihn lieber nicht anschauen, sondern senkte den Blick auf meine Bank. In der Bank war es ganz still. Das beunruhigte mich. Vielleicht bekam Blackie nicht genügend Luft! Ich hob den Bankdeckel leicht an und spähte hinein.

»Du hast nicht antworten wollen?« sagte Asp über mir. »Stimmt's?«

Ich nickte mit den Augen auf der Bank.

»Aber warum?« murmelte Asp. »Warum, um Himmels willen?«

Ich hatte während der Nacht darüber nachgedacht, hätte es aber dennoch nicht erklären können. Irgendwie hatte ich das Gefühl, daß ich für immer eingefangen würde, wenn ich diese Fragen beantwortete. Dann würde ich mit meiner Brille hier hockenbleiben und stets alle Fragen beantworten, und Torstensson würde mir auf die Schulter klopfen, bis nichts mehr von mir übrig wäre.

Um all das zu erklären, hätte ich sowieso keine Zeit gehabt. Der Rektor hatte den geöffneten Bankdeckel erblickt. Jetzt steuerte er auf mich zu.

»Aha, mein Lieber!« rief er. »Jetzt ist mir alles klar!«

Alle drehten sich um, um ihm zuzuschauen, wie er sich durch die Bankreihen drängte. Alle schienen sich zu fragen, was ihm klargeworden sei. Ich hatte ebenfalls keine Ahnung. Jetzt war er bei mir angelangt.

»Da drin hast du ein aufgeschlagenes Buch liegen, nicht wahr?« sagte er und zeigte auf die Bank.

»Nein«, sagte ich.

»Da ist es ja kein Wunder, wenn man alle Fragen beantworten kann«, fuhr er fort.

»Er hat doch gar keine Fragen beantwortet«, wandte Asp ein. Doch darauf ging der Rektor nicht ein.

»Das ist also deine Methode gewesen?« sagte er.

»Nein«, entgegnete ich.

»Mach die Bank auf, dann werden wir ja sehen!«

»Nein«, sagte ich.

Das Atmen fiel mir schwer. Ich hatte die Hände auf den Bankdeckel gelegt, weil ich befürchtete, daß der Rektor Blackie erschrecken würde.

»Sie irren sich«, sagte Asp und sah mich an. »Er betrügt nicht.«

»Sie werden ja sehen«, beharrte der Rektor, den Blick starr auf mich gerichtet. »Mich führt keiner hinters Licht. So, laß jetzt den Bankdeckel los!«

Da tat ich es. Ich gab auf. Es hatte ja sowieso keinen Sinn. Ich trat zur Seite, während der Rektor die Bank mit einem überlegenen Lächeln aufklappte, um zu enthüllen, was für ein mieser kleiner Mogelfritze ich war.

Nachdem der Bankdeckel geöffnet war, blieb er stehen. Er sagte keinen Ton. Das Lächeln saß wie festgefroren auf seinen Zügen. Er rührte sich nicht vom Fleck. Nur sein gelber gehäkelter Schlips wehte über der Bank hin und her.

»Nun?« fragte Asp. »Haben Sie dort etwas gefunden?«

»Öööh!« sagte der Rektor.

Im selben Augenblick packte Blackie den Schlips. Es war ihm wohl langweilig geworden, eingesperrt zu sein. Er hatte immer noch eine halbe Salamischeibe im Mundwinkel, als er über der Bankkante auftauchte und die Krallen in den baumelnden Schlips schlug.

Mit einem gurgelnden Laut wankte der Rektor nach hinten.

»Du lieber Himmel!« rief Asp aus. »Was haben Sie denn da?«

Der Rektor antwortete nicht. Seine Wangen flammten wechselwarm, und er streckte die Hände steif von sich, während er Millimeter um Millimeter rückwärts ging. Offensichtlich fürchtete er sich davor, die Ratte zu berühren.

Er blieb erst stehen, als er mit dem Rücken vor der Tür angelangt war.

Weiter kam er nicht. Langsam kletterte Blackie noch ein Stück hinauf, bis seine Schnauze in der Höhe des Krawattenknotens angekommen war. Er hielt es wohl für eine Art Spiel. Mit munteren Augen spähte er ins verstummte Klassenzimmer hinaus.

Asp saß immer noch vorne am Pult.

»Das verstehe ich nicht«, sagte er. »Was haben Sie denn da an Ihrer Krawatte?«

Endlich konnte ich es mir leisten zu antworten.

»Das ist eine braune Ratte«, erklärte ich. »Mus rattus auf lateinisch.«

»Das ist Blackie!« rief Pucko. »Menschenskind, das ist doch Blackie!«

Er war mit erhitztem, glücklichem Gesicht aufgesprungen und fuchtelte jetzt fröhlich mit den Armen. Danne, Fiffi und Fischpudding machten ebenfalls einen sehr zufriedenen Eindruck.

Ich konnte nicht umhin zu lächeln, als ich sah, wie aufgekratzt Pucko war. Und als er mein Lächeln sah, wackelte er mir kurz mit den Ohren zu, um mir zu zeigen, daß dies einer meiner besten Räubertricks war, die er je gesehen hatte.

»Kann denn niemand den Rektor von diesem Tier befreien?« fragte Asp.

Ich hatte eigentlich keine Lust. Der Rektor sah ausgesprochen unzurechnungsfähig aus. Aber mir war klar, daß ich Blackie retten mußte. Langsam ging ich auf den Rektor zu. Doch bevor ich bei ihm ankam, wurde ich von Pucko überholt.

»Überlaß das mir, Lasse«, sagte er. »Ich kümmere mich um Blackie. Es ist bestimmt besser, wenn du jetzt verduftest.«

Er hatte natürlich recht.

»In Ordnung«, sagte ich. »Wir sehen uns noch.«

»Klar«, sagte er.

Doch als ich hinausgehen wollte, stand der Rektor vor der Tür. Dieser Fluchtweg war mir also versperrt. Da lief ich zum Fenster hinüber, das ja offen war. Ich sprang aufs Fensterbrett hinauf.

»Halt!« rief Asp. »Komm sofort da herunter!«

»Tut mir leid«, sagte ich.

Ich flatterte ein wenig mit den Armen, ungefähr so wie dieser Irre im Fernsehen, den mein Vater damals hinausgeworfen hatte.

Dann holte ich tief Luft und kletterte zum Fenster hinaus. Unser Klassenzimmer lag im obersten Stock, also war es ziemlich hoch.

Ein paar bauschige Wolken schwebten auf dem Weg zum Schornstein des Altersheims über den Himmel. Tief unten im Gebüsch piepste und piepste die Meise wie besessen. Und meine Füße tasteten durch die Luft, bis sie endlich das Regenrohr neben dem Fenster erwischten. Sachte glitt ich an dem schmutzigen Rohr nach unten.

Jetzt hatte Pucko wohl schon damit angefangen, Blackie vom Rektor zu befreien. Nein, wahrscheinlich würde er noch ein Weilchen warten, bis er sicher sein konnte, daß ich entkommen war. Und der Rektor würde sich wohl erst ein paar Minuten erholen müssen, bevor er hinter mir herrennen konnte.

Ich konnte also ganz beruhigt sein.

»Lasse!«

Ich hatte ungefähr den halben Weg nach unten hinter mich gebracht, als ich Tinas Stimme hörte. Tina hing mit bleichem Gesicht zum Fenster hinaus. Und gleich darauf streckte Asp ebenfalls seinen Kopf heraus und machte ein genauso besorgtes Gesicht.

»Halt dich gut fest, mein Junge!« rief Asp. »Ich bringe gleich eine Leiter. Mach nur keine Dummheiten, Lasse!«

Ich sah zu ihnen hinauf.

Die Sonne funkelte in dem offenen Fenster. Ich lächelte vergnügt. Was glaubten die eigentlich? Bildeten sie sich etwa ein, daß ich in alle Ewigkeit hier hängenbleiben würde? Ich nahm die eine Hand vom Rohr und winkte ihnen zu, damit sie sehen konnten, daß es mir gutging und sie sich überhaupt keine Sorgen zu machen brauchten.

»Lasse!« rief Tina noch einmal. »Sei vorsichtig, du Idiot!«

»Keine Sorge!« rief ich im selben Augenblick zurück, als ich endgültig den Halt verlor. Die italienischen Snobschuhe waren völlig ungeeignet, um damit an Regenrohren entlangzuklettern. Die Ledersohlen hätten genausogut mit Olivenöl eingeschmiert sein können.

Tinas Schrei gellte mir in den Ohren, als ich fiel.

»Beweg dich nicht, mein Junge«, sagte Asp. »Bleib nur ganz ruhig liegen.«

Sein Gesicht war fast so grauweiß wie das von Fischpudding. Seine Augen musterten meinen abgestürzten Körper besorgt von Kopf bis Fuß, um festzustellen, ob ich mir eventuell das Genick gebrochen haben könnte.

Aber ich hatte es ganz gut überstanden.

Ich war in einem der frischausgeschlagenen struppigen Fliederbüsche gelandet, die unser Hausmeister immer so sorgfältig hütete. Und dann war ich ins Krokusbeet weitergerutscht und hatte die Krokusse mit meiner Birne zerdrückt.

Ich hatte Dusel gehabt. Ich war nur ein wenig durcheinander. Es hätte viel schlimmer kommen können. Meine eleganten Hosen waren nicht mehr zum Ausgehen geeignet. Und die Zweige hatten mir das Gesicht zerkratzt. Aber abgesehen davon tat mir nur der Knöchel weh, wenn ich ihn zu bewegen versuchte.

»Wie fühlst du dich?« fragte Tina.

Sie keuchte so heftig, daß sie fast nicht sprechen konnte. Wahrscheinlich war sie im D-Zug-Tempo die Treppe hinuntergerast.

»Naß«, antwortete ich.

Der viele Regen, der gestern gefallen war, hatte die Erde ordentlich aufgeweicht und drang jetzt durch den Stoff meiner Hosen. Ich hatte keine Lust, noch länger hier liegenzubleiben. Außerdem befürchtete ich, daß der Rektor inzwischen von Blackie befreit war und sich jetzt darangemacht hatte, meine Verfolgung aufzunehmen.

Vorsichtig begann ich mich aufzurichten, obwohl Asp versuchte, mich daran zu hindern. Wahrscheinlich befürchtete er, daß ich irgendwelche inneren Verletzungen davongetragen haben könnte, die man von außen nicht sah. Als ich mich auf den schmerzenden Knöchel aufzustützen versuchte, war es, als hätte ihn jemand mit Brennesseln gefüllt.

»Tut es weh?« fagte Tina.

»Ein wenig«, sagte ich und verzog dabei das Gesicht zu einer eindrucksvollen Schmerzgrimasse. »Es ist nur das eine Bein hier. Ich glaube, es ist in der Mitte abgebrochen.«

»Was?« fragte Asp geschockt.

Ich zwinkerte ihm verstohlen zu, so daß Tina es nicht sehen konnte.

»Diese verflixten Knochenenden haben sich schon durch den Strumpf gebohrt«, sagte ich. »Ich fürchte, man wird das Bein abnehmen müssen.«

»Du machst wohl einen Witz?« sagte Tina.

Ich begann so heftig zu schwanken, als ob ich gleich in der nächsten Sekunde zusammenbrechen würde, also mußte sie mich sicherheitshalber festhalten. Und ich legte den Arm um ihre schmalen Schultern und drückte mich eng an sie, um deutlich zu machen, wie schwer verletzt ich sei.

»Keine Angst«, sagte ich. »Es gibt eine Menge Leute mit künstlichen Füßen, die bestens zurechtkommen.«

Da lächelte Asp.

»Eigentlich müßte ich dich wohl zur Schulschwester bringen«, sagte er, und diesmal zwinkerte er mir zu. »Außerdem möchte der Rektor sich bestimmt mit dir unterhalten. Aber du wirst jetzt wohl vor allem ein wenig Ruhe brauchen. Und da ist es am besten, wenn du dich so schnell wie möglich von hier entfernst. Vielleicht kann Kristina dir nach Hause helfen?«

»Von mir aus«, sagte Tina.

»Danke«, sagte ich.

So humpelten wir davon, während Asp stehenblieb, um uns nachzuschauen und den Geruch nach Frühling einzuatmen. Wir entfernten uns so schnell wie möglich. Und eines war von vornherein klar: Ich hatte nicht vor, auf direktem Weg nach Hause zu gehen.

13

»So, so, jetzt kommst du also«, sagte Torstensson.

Sie hatten lange warten müssen.

Es war bestimmt neun Uhr abends, als ich endlich nach Hause kam. Tina und ich hatten uns nicht gerade auf direktem Weg zu Torstenssons Haus begeben. Trotz meines schmerzenden Knöchels waren wir die wackelige Treppe zum Sprungschanzenturm hinaufgeklettert. Dort waren wir dann sitzengeblieben, während die Sonne über den Himmel wanderte und die Vögel in den Baumwipfeln über uns pfiffen und schnatterten.

Dann hatten Pucko und die anderen uns genau zur rechten Zeit aufgestöbert. Wir waren zusammen in die Stadt gefahren und hatten alles getan, was wir immer zu tun pflegten. Und als ich endlich nach Hause kam, wagte ich Torstensson kaum anzuschauen. Bestimmt hatte der Rektor sich aufs Telefon gestürzt, kaum daß er die Ratte losgeworden war!

»Aber Lasse, mein Schatz!« sagte meine Mutter. »Wie siehst du denn aus?«

Sie umarmte mich und sah die Kratzer in meinem Gesicht an, die zerrissenen Hosen und das schmutzige Jakkett.

»Tut mir leid«, sagte ich.

»Das braucht es nicht«, sagte Torstensson. Er klopfte mir auf die Schulter und lächelte mich unverändert freundlich an.

Ich begriff überhaupt nichts mehr. War das Telefon etwa kaputt?

»Komm«, sagte Torstensson. »Komm mit, ich möchte dir etwas zeigen!«

Er nahm mich am Arm und lotste mich zur Tür hinüber, die zur Kellertreppe führte. Was hatten wir im Keller verloren? Meine Mutter kam leise hinterher, sie hatte sich einen Mantel über die Schultern gelegt, da es dort unten ziemlich kalt war.

»Was sagst du dazu?« fragte Torstensson.

Ich sah den leichten weißen Rahmen an, die dünnen glänzenden Felgen, die Sun-Tour-Gangschaltung und den umwickelten Rennlenker, den schmalen schwarzen Sattel und die Pedale, die nur darauf warteten loszuwirbeln. Es war ein Motobecane, ein Rennrad, von dem ich abends in meinem Zimmer in Enskedevägen geträumt hatte. Was hatte dieses Rad hier, in Torstenssons Keller, zu suchen?

»Es gehört dir«, sagte Torstensson.

»Ihr wißt ja nicht –,« begann ich und wußte nicht, wie ich fortfahren sollte.

»Doch«, sagte meine Mutter. »Wir wissen Bescheid.«

»Nein!« sagte ich.

»Jetzt mußt du dich vor allem ein paar Tage lang erholen«, sagte Torstensson. »Du sollst an gar nichts denken, sollst dich nur ausruhen und es dir gutgehen lassen. Vielleicht kannst du das Fahrrad ja ein wenig ausprobieren.«

»Aber –«, sagte ich.

»Jetzt sprechen wir nicht mehr darüber«, sagte Torstensson. »Du hast dich überanstrengt. Das ist alles. Es tut mir leid, Lasse. Ich war ganz einfach zu eifrig. Ich bin zu hart vorgegangen.«

»Aber begreift ihr denn nicht?« sagte ich. »Begreift ihr denn nicht, daß ich es mit Absicht getan habe?«

»Klar«, sagte Torstensson mit sanfter Stimme. »Aber jetzt ist es wohl Zeit für dich, in die Federn zu kriechen. Du hast einen langen Tag hinter dir.«

Meine Mutter ging mit mir hinauf.

Sie ließ ein heißes Bad für mich ein. Ich sank hinein, und während die Wärme in mich drang, wurde ich müde. Meine Mutter seifte mich ein, wie früher, als ich klein war. Dann wusch sie mir die Haare und duschte mich hinterher ab.

Schließlich deckte sie mich noch ordentlich zu.
Sie blieb noch ein Weilchen sitzen und hielt meine Hand.
»Jetzt mußt du tüchtig ausschlafen«, sagte sie. »Hast du verstanden?«
»Jaa«, antwortete ich und drückte ihre Hand so fest ich konnte, um ihr zu sagen, daß ich sie gern hatte und daß mir alles leid tat.

Die Zeiger der Mickymausuhr zeigten auf vier. Jetzt schliefen alle im Haus.
Es war soweit!
Ich warf die Decke zurück und humpelte in der Dunkelheit zum Wandschrank hinüber. Das Deckenlicht mochte ich nicht anmachen. Der milde Schein, den der Globus auf dem Schreibtisch verbreitete, genügte mir.
Vor mir hingen meine neuen Klamotten in ordentlichen Reihen.
Aber ich stöberte die Plastiktüte hervor, die ich in der hintersten Ecke versteckt hatte. Sie enthielt meine alten Kleider. Ich holte die geflickten schwarzen Jeans heraus, den alten Elvispulli, Großmutters Weihnachtspulli und die Jeansjacke mit dem WASP-Abzeichen, das Pucko mir geschenkt hatte. Es war ein komisches Gefühl, das alles wieder anzuziehen, fast, als würde ich mich verkleiden. Ich hatte mich an mein neues versnobtes Aussehen gewöhnt, an die teuren weichen Pullis, an die Hemden und Hosen und an die Brille.
Zu guter Letzt schlüpfte ich noch in meine alten ausgelatschten Turnschuhe. Dann war ich fertig.
Ich sah mich im Spiegel an und hätte fast einen Schlag bekommen! War dieser Typ wirklich ich? Er sah aus, als könnte er einem jederzeit einen Karateschlag über die Nase verpassen!
Nachdem ich die Mickymausuhr und den Kassettenrecorder in die Plastiktüte gesteckt hatte, schlich ich so vorsichtig wie möglich aus dem Zimmer und die Treppe hinunter. Mein Bein schmerzte immer noch ein wenig.

Als ich unten war, konnte ich es mir nicht verkneifen, einen Blick ins Schlafzimmer von meiner Mutter und Torstensson zu werfen. Meine Mutter wollte immer ein Licht anhaben, wenn sie schlief, und das hatte mein Vater nicht ausstehen können. Er schlief am besten, wenn sie Nachtdienst hatte. Aber Torstensson schien keine Probleme mit dem Schlafen zu haben. Er schnorchelte wie ein Speichelsauger an ihrer Seite.

Ich warf meiner Mutter einen letzten Blick zu, bevor ich die Tür schloß.

Dann schlich ich in die Küche, holte den Kassettenrecorder aus der Plastiktüte und stellte ihn auf den Eßtisch. Den konnten sie von mir aus behalten. Wenn sie Lust hatte, konnte Lollo ja ihre polnischen Stücke darauf aufnehmen. Im Küchenschrank fand ich eine Papierserviette, auf die ich »Schaltet den Recorder ein« schrieb. Dann legte ich sie neben den Apparat.

Dort würden sie am Morgen meine Nachricht finden.

Torstensson stand immer als erster auf. Er pflegte im Morgenrock zum Briefkasten zu schleichen, um die Zeitung zu holen. Und dann setzte er sich damit an den Tisch, um sie in aller Ruhe zu lesen. Heute morgen würde er den Zettel erblicken. Dann würde er meine Mutter rufen, die immer gern lange im Bett blieb, wenn sie nicht ins Krankenhaus mußte. Sie würden auf die Starttaste drücken, und dann würden sie meine Stimme all das sagen hören, was ich heute nacht aufs Band gesprochen hatte.

»Ich ziehe jetzt zu Papa«, würden sie mich sagen hören. »Wenn ihr das hier hört, habe ich es schon getan. Das ist keine plötzliche Idee, ich habe mir wirklich überlegt, was ich will. Ihr braucht also gar nicht erst zu versuchen, mich zu überreden oder so. Es ist einfach so, daß ich niemand anders werden kann als derjenige, der ich bin. Und wer das ist, das muß ich allein herausfinden. Bis bald!«

Das mußte genügen. Besser hatte ich es nicht erklären können.

Nachdem sie alles gehört hätten, könnten sie die Elvislieder anhören, die noch auf der Kassette waren. Aber das würden sie wohl kaum tun. Ich mochte mir gar nicht vorstellen, was sie tun würden.

Draußen war es immer noch dunkel, als ich in Tussmötevägen einbog. Keine Menschenseele weit und breit, nur ein paar frühaufgestandene Vögel, die in der langen Hecke vor dem Altersheim zwitscherten, als ich auf meinem schmerzenden Knöchel vorbeihumpelte.

Der nächtliche Dunst hing noch in der Luft und befeuchtete meine Wangen. Ich hatte es nicht eilig. Für diesen Spaziergang wollte ich mir Zeit lassen. Wahrscheinlich war es der wichtigste Spaziergang, den ich je gemacht hatte.

Ich atmete die frische Luft tief ein und bog beim Laden links ab, dann folgte ich Enskedevägen unter den schimmernden Straßenlaternen, am alten Vereinslokal auf dem Hügel vorbei, zum Sportplatz hinüber. Bald war ich bei dem vertrauten Backsteingebäude angelangt. Ich schlich die Treppe hinauf und steckte den Schlüssel ins Schloß der Wohnungstür.

Mein Vater wachte nicht auf, obwohl die Tür quietschte, als ich sie aufschob. Wenn er erst einmal eingeschlafen war, mußte schon einiges passieren, damit er wieder wach wurde. Er schlief unter doppelten Decken, um nach der Kälte des Schlachthofs überhaupt wieder warm zu werden. Und diese Wärme verließ er nur ungern.

Ich zog meine Turnschuhe aus und stellte sie in den Flur neben seine braunen Schuhe mit den geflickten Schnürsenkeln. Er durfte ruhig noch ein Weilchen schlafen. Ich setzte mich aufs Sofa. Hier wollte ich erst mal sitzenbleiben und diesen besonderen Geruch einatmen, den es nur hier gab, und alle Sachen anschauen, die ich schon so oft gesehen hatte, daß ich sie fast vergessen hatte.

Mein Vater hatte den alten Luxor wieder aus dem Keller geholt. Das hatte er bestimmt nur getan, weil er fand, daß an dieser Stelle ein Fernseher stehen sollte. Er hatte sich nämlich nicht einmal den Stecker eingesteckt.

Ich kuschelte mich ins Sofa und sah den grauen Bildschirm an, während sich die Sonne langsam über die Unterkante des Wohnzimmerfensters hievte. Es war ein schönes Gefühl, so dazusitzen und mit zunehmendem Licht sein eigenes Spiegelbild auf dem Bildschirm auftauchen zu sehen, wie auf einem Polaroidfoto.

Dann war es endlich soweit.

Ich ging in die Küche und setzte das Kaffeewasser auf. Dann strich ich ein paar Brote und häufte Berge von Käse darauf. Das war eine der Sachen gewesen, an denen meine Mutter regelmäßig herumgemotzt hatte – er nähme immer zuviel Käse, hatte sie stets behauptet.

Das alles trug ich auf dem gelben Tablett ins Wohnzimmer und stellte noch die plingenden Engel dazu, die ich in einem Küchenregal entdeckt hatte. Ich setzte alles auf dem Couchtisch ab und ließ die plingenden Messingengel kreisen, indem ich die Kerzen unter ihren Bäuchen anzündete. Aber vom hellen sanften Plingpling der Engel würde mein Vater wohl kaum aufwachen. Dafür waren kräftigere Effekte nötig. Dieses polnische Stück, mit dem Lollo meine Mutter geweckt hatte, hätte bestimmt hingehauen. Aber hier bei uns gab es nur amerikanische Stücke. Also mußte das genügen. Ich legte ›Return to sender‹ auf und drehte es auf volle Lautstärke, damit er auch ganz gewiß aus den Federn fuhr.

»Was zum Teufel!«

Plötzlich stand mein Vater da und blinzelte ins Morgenlicht. Er hatte ein altes Unterhemd an und eine lange Unterhose, auf der hinten FRIEDE stand. Seine Haare standen vom Kopf ab, das taten sie immer, wenn er aufgewacht war. Aber so verwirrt sah er sonst nicht aus.

Mit zusammengekniffenen Augen musterte er die dampfende Kaffeetasse, den geblümten Teller mit den Käsebroten und das Engelskarussell, als ob das alles eine optische Täuschung sein müßte.

»Was zum Kuckuck!« brummte er, während er sich umsah.

Ich hatte mich in meinem Zimmer versteckt, mich konnte er also nicht sehen. Ich spähte durch den Türspalt und spürte, wie es in der Magengrube kitzelte, genau wie damals, als ich mit meiner Mutter Hully Gully gefahren war.

Als er für all diese seltsamen Phänomene keine Erklärung finden konnte, nahm er die Kaffeetasse und schnupperte daran, dann biß er probeweise in eines der Käsebrote, wie um zu prüfen, ob sie echt waren.

»Hallo!« rief er vorsichtig. »Hallo! Wer ist da?«

Aber außer Elvis war niemand zu hören. Und Elvis schmetterte nur immer wieder sein ›Return to sender‹. Obwohl mein Vater Elvis sehr schätzte, glaubte er bestimmt nicht, daß Elvis ihm Kaffee gekocht und Käsebrote gemacht hatte.

Er ging zum Plattenspieler hinüber und stellte ihn leiser. Danach marschierte er mit energischen Schritten zur Küche und riß die Küchentür auf. Ich sah den Hintern, auf dem FRIEDE stand, durch die Türöffnung verschwinden.

Da verließ ich rasch mein Versteck und drehte die Lautstärke wieder auf, so daß Elvis jetzt noch lauter sang als vorher.

»Zum Donnerwetter noch mal!« rief mein Vater in der Küche aus.

Er kam eilig hereingestolpert und sah sich mit wilden Blicken um. Und da stand ich mit meinem Hully-Gully-Grinsen neben dem Plattenspieler. Wahrscheinlich glaubte er jetzt, daß er endgültig den Verstand verloren hatte.

»Das kann doch nicht wahr sein!« sagte er langsam.

Mit ein paar unbeholfenen Sprüngen war er bei mir und hob mich in die Luft, als wollte er feststellen, wie schwer ich sei. Dann wirbelte er mit mir durchs Zimmer, während Elvis sang und der Fußboden in der Morgensonne glänzte.

»Lasse!« sagte er.

»Jaa«, sagte ich.

»Was, zum Donnerwetter, machst du hier?« fragte er. »Was machst du um diese Tageszeit hier bei mir?«

»Ich bin wieder hergezogen«, erklärte ich.

Und dann würde es nicht mehr lange dauern, bis ein uraltes schwarzes Auto, das vor unserem Haus parkte, in die Straße hinausbog und langsam in Richtung Süden davonfuhr.

Und in diesem Auto würde ich sitzen, und mein Vater würde den rechten Arm um meine Schulter gelegt haben. Wir würden unter Schweigen davonfahren.

Und keiner von uns würde wissen, wohin wir unterwegs waren.

Christa Laird

Im Schatten der Mauer

Ein Roman um Janusz Korczak
180 Seiten

Ein Junge und ein Mann finden die Kraft, in einer unmenschlichen Welt menschliche Werte zu bewahren. Misha ist erst dreizehn, doch von seinem Willen, sich im Elend des Ghettos nicht selbst aufzugeben, hängt das Leben seiner kranken Mutter ab. Sein Vorbild ist ein unauffälliger kleiner Mann — Janusz Korczak, Arzt und Pädagoge. Seine Liebe vermittelt den Kindern seines Waisenhauses eine Ahnung von Geborgenheit inmitten Bedrohung und Gewalt. Seinem Beispiel folgend, bringen es diese zweihundert Kinder zustande, auf dem Weg in das Vernichtungslager ihre menschliche Würde nicht zu verlieren. Ein Roman um einen jener stillen Helden, die nur zu schnell wieder in Vergessenheit geraten.

UEBERREUTER